초보창업자도 100% 성공하는

정부지원사업
합격 사업계획서
쓰는 법

최신 합격 사업계획서 샘플 분석

초보창업자도 100% 성공하는

정부지원사업 합격 사업계획서 쓰는 법

최신 합격 사업계획서 샘플 분석

• 이혁재 지음

시작하며

2001년부터 내가 직장생활을 하면서 참여연구원으로 직접 추진했던 아이템들은 하나도 빠짐없이 정부지원사업에 합격했다. 또 2015년 재창업하여 추진한 아이템들도 모두 정부지원사업에 합격했다.

2013년에 중소기업진흥공단에서 1억 원을 융자받아 창업하고 2017년까지 R&D 지원사업을 중심으로 현물성 지원사업까지 금액으로 환산하여 총 15억 원 상당의 지원을 받았다. 연평균 3억 원은 될 듯하다. 창업초기에는 개발자금뿐만 아니라 모든 것이 부족해 정부지원사업은 선택이 아닌 필수였다. 연 2억 원 정도 지원하는 R&D 사업을 중심으로 사무실 입주지원사업, 특허출원비용 지원사업, 창업지원사업, 해외진출 지원사업, 마케팅 지원사업, 사업타당성분석 지원사업, 투자유치 지원사업, SW테스트 지원사업, 고용창출 지원사업, 멘토링 지원사업, 창업 아이디어 공모전 등 거의 모든 지원사업에 신청했다.

처음에는 무작정 사업계획서 분량을 많이 쓰고 지원공고가 나오면 닥치는 대로 신청했다. 당연히 합격률은 매우 낮았다. 많은 사업에 신청하다 보니 본 사업 업무보다 사업계획서 작성업무가 훨씬 많았다. 그런데 점차 경험이 쌓이면서 정부지원사업에 합격하는 방법과 요령을 스스로 터득해 합격률이 점점 오르더니 결국에는 사업계획서를 쓰기만 하면 정부지원사업에 합격했다.

2016년부터 정부지원사업 평가위원으로 활동을 시작하면서 다양한 사업계획서를 평가하게 되었다. 그러면서 어떤 사업계획서가 합격하는 사업계획서인지 또 어떻게 발표하는 대표자가 높은 점수를 받을 수 있는지도 차츰 알게 되었다.

내 주변에서 아이템은 좋은데 사업계획서 쓰는 요령이 없어 정부지원사업에 떨어지는 창업·초기기업을 많이 봤다. 또 정부지원사업에 도전하는 것을 자체를 두려워하는 기업도 봤다. 하지만 창업을 했다면 자금지원을 하는 정부지원사업에 무조건 도전해야 한다. 물론 처음에는 힘들지만 차근차근 계획을 세워 준비하고 도전하면 반드시 합격할 수 있다. 아이템의 성공가능성이 높고 개발할 가치가 있다는 것을 논리적, 감정적(感情的)으로 공감할 수 있도록 사업계획서를 작성하면 된다.

합격하는 사업계획서를 작성하는 방법이 있다. 이 책은 정부지원사업에 누구보다 많이 합격한 경험과 평가위원으로서 평가 경험을 바탕으로 일종의 합격공식을 만들어내 초보창업자도 100% 합격할 수 있는 정부지원사업 사업계획서 작성방법과 대면평가 발표방법을 알려준다.

이 책은 100% 합격하는 18페이지 사업계획서를 제시한다. 각 페이지별 형식과 내용은 실제로 최근에 합격한 사업계획서를 활용하여 작성했으며 세부항목별로 반드시 작성해야 할 핵심 포인트를 제시한 후 어떻게 작성하는 것인지를 직관적으로 보여주고 그 작성방법을 구체적으로 설명한다. 특히, 평가표에는 없지만 평가위원이 반드시 확인하여 평가에 반영하는 사항을 알려주고 사업계획서 작성 시 가장 어려워하는 개발결과물의 성능지표 및 목표 작성방법도 다양한 샘플을 통해 설명한다.

이 책은 정부지원사업에 스스로 도전하는 창업·초기기업에는 합격 사업계획서 작성의 첫 번째 지침서가 될 수 있다. 이 책을 옆에 두고 사업계획서 작성 시 참고서로 활용한다면 반드시 정부지원사업에 합격할 수 있다. 이 책을 보다가 궁금한 것이 있다면 내가 직접 운영하는 블로그나 이메일로 문의하기 바란다.

블로그 : blog.naver.com/ariverly
이메일 : ariverly@gmail.com

이 책을 통해서 창업·초기기업 대표, 연구소장, 과제책임자가 목
표한 정부지원사업에 합격하여 제품과 서비스 개발에 전념할 수 있길
바란다. 책을 쓰는 동안 응원해준 아내 소영, 아들 문용, 딸 예림에게
사랑한다는 말을 전한다.

2018년 12월
이 혁 재

목
차

제3장 합격 사업계획서 작성

제4장　합격하는 대면평가 자세

제1장 ──────── 정부지원사업,
선택 아닌 필수

■ 정부 R&D 예산 20조 원 돌파

2019년 정부 R&D 예산이 사상 처음으로 20조 원을 돌파했다. 과학기술정보통신부, 중소벤처기업부, 산업통상자원부 등 주요 3개 부처 R&D 예산은 총 11조 6,000억 원이다. 과학기술정보통신부 7조 원(전체 14조 8,000억 원), 중소벤처기업부 2조 원(전체 10조 2,000억 원), 산업통상자원부 2조 6,000억 원(전체 7조 7,000억 원)이다.

연간 우리나라 신설법인은 대략 10만 개에 달한다. 업종별로 도소매업이 20% 이상, 제조업은 20%, 건설업이 10%, 부동산임대업이 5% 정도 차지한다. 이 중 정부 R&D 지원사업에 신청이 가능한 업종은 제조업과 서비스업으로 대략 연간 3~4만 개가 창업한다. 거기에 기존 기업을 합치면 대략 5만 개 기업이 정부 R&D 지원사업에 신청할 수 있는 최대 모수다. 하지만 실제로 정부 R&D 지원사업에 신청하는 기업은 2만 개 정도 된다.

[표] 2019년 정부 R&D 예산을 창업·초기기업에 무상지급할 경우 기업당 지원금

2019년 정부 R&D 예산	주요 3개 부처 R&D 예산	연간 신설 법인 수		2019년 3개 부처 R&D 예산을 R&D 기업에 무상 지급할 경우 기업당 지원금	
20조 원	11조 6천억 원 과학기술정보통신부 7조 원, 중소벤처기업부 2조 원, 산업통상자원부 2조 6천억 원	총 10만 개	3만 개	380,000,000원	
		제조업, 서비스업 R&D 가능법인 약 3~5만 개	5만 개	230,000,000원	
			10만 개	115,000,000원	

그럼 단순하게 계산해보자. 2019년 정부 R&D 예산이 20조 원이고 정부 R&D 지원사업에 신청할 수 있는 최대 기업수가 10만 개라고 가정하고 이 기업들에 조건 없이 무상지급하면 기업당 1년에 2억 원씩 지원할 수 있다. 과학기술정보통신부, 중소벤처기업부, 산업통상자원부 등 주요 3개 부처의 2019년 R&D 예산은 약 11조 6,000억 원이다. 그 예산을 3만 기업에 분배하면 기업당 약 3억 8,000만 원, 5만 기업에 분배하면 기업당 약 2억 3,000만 원, 10만 기업에 분배하면 1억 1,500만 원씩 조건 없이 무상 지급할 수 있다.

그런데 정부 R&D 지원자금은 정해진 규정에 따라 신청자격을 갖춘 기업들을 대상으로 사업계획서를 접수받아 공정한 평가방식으로 선발된 기업에만 지원된다. 대부분의 초기기업들은 정부지원자금을 받지 못하는데 전략적으로 준비하는 기업들은 매년 2~10억 원 정도를 지원받기도 한다.

초기기업이 정부지원사업에 도전하지 않는 잘못된 생각
1. 정부지원자금을 아무나 받을 수 있나?
2. 매출도 없는데 정부지원자금을 어떻게 받나?
3. 정부지원사업 사업계획서는 전문가나 쓰는 것이지 내가 어떻게 쓰나?
4. 사업아이템이 기술적으로 특별한 것이 없는데 당연히 못 받겠지.
5. 창업한 지 얼마 안 되어서 자격이 되겠나?
6. 기술이 아니라 새로운 서비스를 개발하는 거는 포함이 안 될 거야.
7. 정부지원사업 경쟁률이 너무 높아서 신청해봐야 떨어질 거야.

초기기업은 정부지원사업이 뭔지도 잘 모르고 관심도 덜하다. 무엇보다 막연한 두려움 때문에 정부지원사업에 도전하지도 않는다. 미안한 이야기지만, 도전하지 않는 기업이 많기 때문에 이미 받았던 기업, 경험자가 소속된 기업, 전문가에게 컨설팅을 받는 기업들이 정부지원자금을 비교적 쉽게, 자주, 더 많이 받아 간다.

■ 16번, 정부지원사업 합격

내가 직장생활을 하면서 또 창업을 하고나서 담당했던 모든 아이템은 내가 직접 정부지원사업 사업계획서를 작성해 모두 정부지원자금을 받았다. 대부분 주관기관으로 받았고 참여기관, 관계기관 등으로도 참여하여 총 16번을 합격했다. 적게는 5,000만 원에서 많게는 4억 원까지 아이템당 평균 2억 원 정도 받았다. 그 외 현금지원을 하지 않는 바우처형 정부지원사업에도 무수히 합격돼 현물지원을 받았다.

[표] 필자가 직접 개발에 참여해 합격한 정부지원사업

년도	사업	부처
2001 ~ 2017	IT우수신기술지원사업	정보통신부
	신기술실용화사업	산업자원부
	산업혁신기술개발사업	산업자원부
	중소기업혁신기술개발사업	중소기업청
	IT산업기술개발사업	정보통신부
	정보통신성장기술개발사업	지식경제부
	서비스기업경쟁력강화사업	지식경제부
	서비스연구개발사업	중소기업청
	창업성장기술개발사업	중소기업청
	사업화연계형개발사업	산업통상자원부
	스마트미디어X캠프	미래창조과학부
	모바일스타기업육성사업	미래창조과학부
	기업서비스연구개발사업	중소기업청
	ICT유망기술개발사업	미래창조과학부
	SW자산재개발사업	미래창조과학부
	창업성장기술개발사업	중소벤처기업부
총 16 건		

2013년까지는 직장에서 연구원이나 기술연구소장으로 정부지원사업을 수행했고 2015년부터는 1인 창조기업으로 재창업하여 정부지원자금을 받았다. 창업기업의 대표로서 아이템 기획, 개발, 디자인, 테스트, 사업화, 마케팅, 영업 등 모든 분야를 총괄했을 뿐만 아니라 사업계획서 작성, 사업비 집행, 정산, 결과보고 등 정부지원사업 전반의 업무를 직접 관리하면서 정부지원사업에 대한 전문가가 되었다.

나는 이런 경험을 바탕으로 2018년에 정부지원사업에 참여한 적이 없는 창업·초기기업을 대상으로 정부지원사업 컨설팅을 했다. 창업·초기기업의 특성에 맞게 정부지원사업을 선택하는 방법, 유리한 신청자격을 갖추는 방법, 사업계획서 작성방법, 대면평가 방법까지 모든 분야에 걸쳐 교육을 했다. 그리고 그 기업들은 모두 정부지원사업에 합격했다.

모든 창업·초기기업은 자기 자신의 아이템이 제일 끝내준다고 생각한다. 그런데 창업·초기기업뿐만 아니라 정부지원사업에 신청하는 다른 모든 기업들도 그렇게 생각한다. 따라서 정부지원사업에 합격하기 위해서 좋은 아이템은 필수조건이지 충분조건은 아닌 것이다. 중요한 것은 사업계획서를 통해서 다른 기업보다 우리 기업의 아이템이 더 좋아 보이게 표현해야 한다는 것이다. 정부지원사업에는 좋은 아이템이 합격하는 것이 아니라 더 좋아 보이는 아이템이 합격한다.

───┤ 부연설명 ├───

현금지원이 없는 바우처형 정부지원사업 : 정부지원사업은 선발된 아이템에 대하여 개발비와 인건비를 현금으로 지원하는 사업과 현금이 아닌 서비스를 직접 제공하는 방식으로 지원하는 사업으로 나뉜다. 서비스를 제공하는 대표적인 지원사업으로 입주지원사업, 특허출원 지원사업, 해외 인큐베이팅 지원사업, 컨설팅 지원사업, 테스트 지원사업, 채용지원사업 등이 있다.

■ 합격 키워드는 공감과 기술(description)

정부지원사업에 합격하는 이유는 단순히 아이템이 우수해서가 아니다. 창업자나 개발자의 입장에서 자기 아이템은 매우 우수하다. 정부지원사업에 합격하기 위해 중요한 것은 우리 아이템이 더 우수하다는 주장을 믿도록 설명하고 평가위원의 공감을 얻는 것이다. 이때 가장 중요한 것이 글(사업계획서)과 말(발표)로 표현하여 공감시키는 능력이라 할 수 있다. 아이템이 기술(technique)적으로 우수하다면 합격할 확률은 높지만 반드시 합격하는 것은 아니다. 아이템이 다소 평범하더라도 평가위원이 성공가능성을 공감한다면 정부지원사업에 합격할 수 있다. 아이템의 필요성을 쉽게 설명하고 차별성과 독창성을 확실하게 끄집어 낸다면 평가위원이 공감할 것이다. 정부지원사업 합격여부는 기술(technique)의 문제가 아니라 기술(description)의 문제다.

정부지원사업에 합격할 확률이 높은 아이템
1. 최근, 정부가 기술트렌드를 반영해 지원하는 아이템 (최근 4차 산업, 블록체인 등)
2. 응용기술보다는 원천기술을 개발하는 아이템
3. 사회적 문제를 해결하는 아이템
4. 중소기업·소상공인 등을 지원하는 아이템
5. 해외진출 가능성이 높은 아이템
6. 사회적 약자를 지원하는 아이템

그런데 정부지원사업에 합격하는 확률이 높은 아이템들도 있다. 원천기술개발, 사회문제 해결, 중소상공인 지원, 해외진출 용이, 사회적 약자를 지원하는 아이템들은 합격 확률이 높다. 원천기술개발을 제외하고는 주로 사업성에 초점이 맞춰져 있다. 제시된 아이템들은 누가 보더라도 공감을 좀 더 쉽게 이끌어 낼 수 있다. 따라서 아이템을 정의할 때 이런 아이템들의 특징과 연관되어 설명하는 것이 좋은 방법이다.

원천기술을 개발하는 아이템이라면 중소벤처기업부의 지원사업보다 과학기술정보통신부나 산업통상자원부의 지원사업을 살펴봐라. 훨씬 많은 금액을 다년간 지원하는 사업들이 많이 있으니 참고하기 바란다.

■ 정부지원사업은 선택 아닌 필수

제조업 등 R&D가 가능한 업종에서 정상적으로 창업했다면 최소 1

억 원은 받을 수 있다. 그것이 기본이고 그것이 정상적인 것이다. 정부에서는 창업지원사업과 R&D 지원사업을 통해 기업에 자금을 지원한다. 창업지원사업은 최대 1억 원 이하의 현금지원과 바우처형 창업서비스를 제공하고 R&D 지원사업은 최소 1억 원 이상의 현금을 지원한다. 창업지원사업은 말 그대로 창업자를 지원하는 사업으로 기술혁신형 창업기업에 더 많은 기회를 제공하고 있으며 R&D 지원사업과 중복으로 지원받을 수도 있다.

정부지원사업은 상대평가를 통해 선발형식으로 진행된다. 정해진 예산으로 목표한 기업수를 반드시 선발하기 때문에 기술성이나 사업성이 수준 이하라 할지라도 신청자가 미달이면 신청기업은 정부지원을 받을 수도 있다. 한 번에 수십~수백 개 기업씩 선발하는 정부지원사업이 매월 공고된다. 신청자격이 되면 누구나 신청할 수 있고 연간 몇 번씩, 그것도 매년 신청할 수 있다. 경쟁률도 높지 않다. 최대 10:1, 낮은 것은 1.2:1도 있다. 평균 3:1 수준이다.

정부가 지원하는 아이템 특징은 간단하다. 차별성이 있고 독창적이며, 사업화 가능성이 높고, 해외진출이 가능한 아이템이라면 100% 지원한다. 차별성과 독창성이 있다는 것은 특허출원하여 보호받을 수 있는 기술이고, 사업화 가능성이 높고 해외진출이 가능한 아이템은 돈을 벌 수 있는 것이다. 쉽게 정리하면 가치 있는 새로운 기술로 돈을 벌 수 있는 아이템을 지원하는 것이다. 그런데 정부지원사업에 지원하려는 많은 기업들은 자신들이 개발하는 기술과 서비스가 별로 새롭지 않은 것이라고 생각하며 자신 없어 한다.

여기서 나는, 정부지원사업에 신청하려고 하는 창업·초기기업에 묻는다. '새로운 기술이나 서비스를 개발하기 위해 창업한 것 아닌가요? 남들이 하는 것 따라 하려고 창업했나요?'라고 묻는다. 그럼 아마도 '새로운 기술이나 서비스를 개발해 돈을 벌려고 창업했다'고 말할 것이다. 그런데 '그 새로운 것이 뭐냐'고 물으면 자신 있게 설명하지 못한다. 이것이 가장 큰 문제다. '그 새로운 것'을 자신 있게 설명할 수 있어야 한다.

적어도 어떤 하나는 확실하게 내세울(차별화된) 것이 있기 때문에 창업했을 것이다. 잘 생각해보라. 본인이 아는 범위 내에서는 '최초'인 무엇인가가 있기 때문에 창업한 것이다. 그리고 자신이 꿈꾸고 개발하는 것('최초'라고 생각하는 것)을 인정받고 싶다면 반드시 특허를 출원해야 한다. 그것이 차별성과 독창성을 인정받을 수 있는 공식적인 근거가 된다.

결국에는 돈을 벌려고 창업했고 기술을 개발하고 있다. 이에 대해 '누구한테, 어떻게 팔아서 돈을 벌 건가요?'라고 물어보는 것은 당연하다. 돈 버는 방법에 타당성이 있고 실현가능성이 있어야 한다. 예를 들어 '홈쇼핑에서 팔려고 합니다. 인터넷 쇼핑몰에서 팔려고 합니다. 그래서 인터넷 쇼핑몰을 만들고 있습니다. 포털과 제휴하려고 합니다. 이동통신사에 납품하려고 합니다.' 등 이런 식으로 돈을 벌겠다고 하면 평가위원은 믿어 주질 않을 것이다. 돈 벌겠다는 방법이 너무 일반적이고 경쟁이 심한 방법이기 때문에 전혀 사업화전략이 없다고 생각할 것이다. 사업성은 거창한 것보다 사소한 것이라도 구체이면 실현가능성이 더 높아 보인다. 창업자가 오랫동안 홈쇼핑에서 근무했을 수도 있고 홈쇼핑 방송경력이 10년이 넘었을 수도 있다. 또 홈쇼핑업체의 결정권 있는 인물과 막역한 사이라서 비즈니스가 수월할 수도 있다. 정부지원사업 사업계획서는 이렇게 사소하지만 구체적인 내용이 담겨져 있으면 된다.

정부지원사업에 합격하는 아이템 대부분은 획기적인 신기술이 아니다. 아이디어만 있다면 정부지원사업에 합격할 수 있다. 사실 정부지원을 해줘도 그만, 안 해줘도 그만인 아이템들이 수두룩하다. 합격여부는 그야말로 간발의 차다. 창업했다는 것만으로도 정부지원자금을 받을 수 있는 자격이 있다. 공감이 가고 간절함이 담겨 있는 사업계획서를 작성한다면 정부지원자금 1억 원 이상은 받을 수 있다.

창업대출과 투자로 자금을 확보했고 매출이 발생하더라도 초기자금은 눈 깜짝할 사이 사라지고 초기기업은 늘 배고프기 마련이다. 초기기업은 현재의 자금사정과 관계없이 정부지원사업은 필수로 신청해야 한다. 내가 도전하지 않으면 내 옆 기업이 정부지원자금을 받아가고 내 옆 기업도 도전하지 않으면 이미 정부지원자금을 받은 기업이 또 받아간다. 어떤 7년차 기업은 직원이 30명이 넘고 50억 원 이상 투자를 받고 해외진출로 매출도 꽤 발생하지만 매년 빠지지 않고 정부지원사업에 신청하고 합격해서 수억 원씩 정부지원자금을 받는다. 항상 창업초기 어려웠던 시기를 기억하고 대비를 하고 있기 때문이다. 이런 기업들도 꾸준히 정부지원사업에 신청하는데 초기기업이라면 너무도 당연한 일인 것이다. 이제, 정부지원사업은 선택이 아닌 필수사항이다. 제대로 창업했다면 정부지원사업에 합격할 수 있다. 단지 얼마나 빨리 합격하느냐의 문제다. 시행착오를 줄이고 원하는 정부지원사업에 최대한 빨리 합격하는 것이 중요하다.

그것을 돕기 위해 초기기업이 무엇을 준비하고 어떤 계획을 수립해야 하며 사업계획서를 어떻게 써야 하는지, 대면평가에서 어떻게 행동해야 합격할 수 있는지를 일목요연하게 정리한 일종의 '정부지원사업 합격지침서'를 작성했다. 이 지침서를 통해 모든 초기기업이 비교적 쉽게, 자주, 많이 정부지원사업에 합격하길 바란다.

│ 부연설명 │

기술혁신형 창업기업 : 2018년부터 중소벤처기업부에서는 39세 미만 예비창업자 또는 6개월 미만 기술혁신형 창업기업에 10개월 간 최대 1억 원까지 창업자금을 현물로 지원하는 사업을 진행하고 있다. 2019년에도 1,500개 기업을 모집한다고 한다.

정부지원사업의 공고 : 기업마당-비즈인포(http://www.bizinfo.go.kr)는 중소벤처기업부에서 2006년부터 운영하는 사이트로 국내 모든 부처의 정부지원사업이 실시간으로 공고되는 사이트다. 초기기업에는 기업마당-비즈인포가 첫 번째 추천 사이트다.

제 2 장 ──────── 합격을 위한 준비

정부지원사업에는 어떻게 합격할 수 있을까? '무작정 열심히 하다 보면 합격할 수도 있겠지'라고 생각하고 신청하면 떨어질 것이다. 정부지원사업에는 합격하는 방법이 있다. 이 책은 정부지원사업에 최대한 빨리 합격할 수 있는 방법을 상세하게 알려준다. 나는 초기기업의 일원으로 또는 대표로서 20번 이상 정부지원사업에 합격했다. 그러기 위해 100번 넘게 사업계획서를 직접 작성했고, 대면평가도 직접 했다. 나만큼 정부지원사업에 많이 합격한 사람을 본 적이 없다. 2016년부터는 정부지원사업 평가위원으로도 활동하면서 많은 사업계획서를 평가해 왔다.

이 책은 이런 경험을 바탕으로 정부지원사업에 합격하기 위해 미리 준비해야 할 자격 및 조건, 사업계획서 작성방법, 전략적인 신청방법 등을 최근에 합격한 사업계획서 샘플을 중심으로 설명한다.

표준 사업계획서

■ 서면평가는 사업계획서만 평가

정부지원사업은 일반적으로 5단계 평가과정을 거쳐 지원기업을 선정한다. 그중 서면평가 경쟁률이 가장 높다. 대면평가까지만 통과하면 최종합격이라 봐도 된다. 현장조사는 사업계획서 작성 시 거짓만 없다면 별 문제 없이 통과되고, 중복성 검토는 이미 정부지원 받은 과제를 또 신청하지 않았거나 남의 것을 베끼지 않았다면 문제가 되지 않는다.

정부지원사업의 5단계 평가과정	
평가단계	**평가근거**
1. 신청자격 검토	자격 증명 서류 (사업자등록증, 기술연구소인정서 등)
2. 서면평가	**사업계획서**
3. 대면평가	**사업계획서**, 발표내용
4. 현장조사	**사업계획서**, 기타 자격 증명 서류
5. 중복성 검토	**사업계획서**, 평가의견

각 평가단계별로 합격여부를 결정하는 핵심 근거자료가 바로 사업계획서다. 서면평가, 대면평가, 현장조사, 중복성 검토 단계별로 평가하는 내용은 다르지만 그 내용을 확인하는 근거가 신청할 때 제출한 사업계획서인 것이다.

중소기업 기술개발사업 서면평가표

사 업 명				
과제번호		평 가 일	20 . . .	
과 제 명				
주관기관		과제책임자		
공동개발기관		공동책임자		
참여기업		위탁연구기관		

구 분	평 가 항 목	평 가 지 표	적합여부 확인	
			적합	부적합
사업계획 필수사항 검토	**1. 사업목적과의 부합성**	1-1 사업 목적 및 세부과제 신청 자격의 부합성	( )	( )
	2. 유사중복성	2-1 기생산 제품과의 유사중복성	( )	( )
		2-2 기개발 지원과제와의 유사중복성	( )	( )
※ 필수사항 검토는 각 평가지표별 부합여부를 평가하여 1개 평가지표라도 부적합시 지원제외하며, 모두 부합시에 한하여 아래의 평가표를 작성				

구 분	평 가 항 목	평 가 지 표	평 점				
			탁월	우수	보통	미흡	불량
사업계획 세부검토	**3. 기술성 항목**	3-1 기술개발의 필요성 및 차별성	10	8	6	4	2
		3-2 기술개발준비의 적정성 (선행연구, 연구인력, 연구시설 보유 등)	15	12	9	6	3
		3-3 기술개발 목표 및 개발방법, 개발기간의 적정성	20	16	12	8	4
		3-4 지식재산권 확보·회피 및 기술유출 방지대책의 적정성	5	4	3	2	1
	4. 사업성 항목	4-1 목표시장의 규모(성장성) 및 진입가능성	10	8	6	4	2
		4-2 사업화 계획의 구체성 및 타당성	20	16	12	8	4
		4-3 글로벌화 역량(수출 가능성 등)	10	8	6	4	2
		4-4 고용유지 및 창출계획의 적정성	10	8	6	4	2
합 계							점
평가의견							

평가위원   (인)

[그림] 중소벤처기업부 중소기업기술개발사업 서면평가 평가표

서면평가가 진행되는 내용을 이해하면 사업계획서가 얼마나 중요한지 확실히 이해할 수 있다. 서면평가는 평가위원 7명이 모여 15개 내외의 사업계획서를 검토하여 1차 합격자를 선정하는 오프라인평가였는데 최근에는 온라인평가로 진행한다. 온라인평가든 오프라인평가든 제출한 사업계획서만으로 합격자를 선정한다. 평가점수가 60점(보통)을 넘으면 합격, 60점 미만이면 탈락이다.

[그림] 서면평가 평가표의 배점을 보면 평가항목별로 60점(보통)은 쉽게 넘을 수 있을 것 같아 보인다. 하지만 정부지원사업은 절대평가가 아니라 상대평가라서 합격하는 사업계획서만 60점을 넘긴다. 중요한 것은 경쟁률이다. 점수보다는 합격시켜야 할 건수가 중요하다. 그래서 사업계획서 하나씩 평가하고 가채점을 한다. 그렇게 전체 사업계획서를 다 읽고 비교하여 합격자를 먼저 결정한다. 이후 가채점한 것을 조정해 가면서 점수를 확정한다.

2018년 창업성장기술개발사업 디딤돌창업과제 1차 경쟁률		
서면평가 신청기업	약 2,500개 기업	서면평가 경쟁률 약 5 : 1
대면평가 대상기업 (서면평가 통과)	약 500개 기업	
최종 합격 기업 (대면평가 통과)	약 300개 기업	대면평가 경쟁률 약 1.7 : 1
최종 경쟁률 약 8 : 1		

2018년 중소벤처기업부 창업성장기술개발사업 1차 디딤돌창업과제(최대 1.5억 원 지원)의 최종 경쟁률은 최소 약 8:1로 추정된다. 서면평가 경쟁률은 5:1이다. 하나의 평가원위회가 7시간 동안 15개 정도의 사업계획서를 평가해서 3~4개를 합격시킨다. 평가위원이 하나의 사업계

획서를 20분씩 검토하면 15개 기업×20분=300분으로 순수 평가시간만 5시간이다. 평가시작 전 1시간은 평가방법을 설명하고, 평가 후 1시간은 종합의견을 정리하는 시간이다. 하루 7시간 쉬지 않고 평가한다. 20분 동안 사업계획서를 읽고 8가지 평가항목에 채점하고 종합의견까지 적어야 한다. 20분 동안 15페이지 내외의 사업계획서를 꼼꼼하게 읽어보고 평가점수까지 채점해야 하니 시간이 빠듯하다. 시간이 부족한 평가위원은 사업계획서의 과제명과 매칭하여 먼저 기술개발 개요 및 필요성, 차별성, 독창성 부분을 집중적으로 검토한다. 기술개발 개요와 필요성 부분에서는 무엇을, 왜, 어떻게 개발해야 하는지 어느 정도 판단할 수 있다. 그리고 나머지 부분을 속독하여 1차로 합격, 탈락할 사업계획서를 구분한다. 1차 평가가 끝나면 목표했던 합격자가 너무 많이 나오거나 적게 나오는 경우가 발생한다. 이런 경우 추가로 합격, 탈락할 사업계획서를 선정해야 한다. 이때 평가표에 따라서 제시할 내용을 제대로 작성한 사업계획서가 최종 합격된다. 평가위원은 사업계획서에서 좋은 점, 우수한 점은 좀처럼 칭찬하지 않지만 사업계획서에서 부족한 점은 매우 잘 찾아내 지적한다. 평가위원은 합격시키는 것보다 탈락시키는 것을 더 잘한다. 정부지원사업은 1등만 뽑는 사업이 아니다. 3~4등만 해도 합격할 수 있다. 칭찬은 받지 않아도 되지만 불성실하다고 꼬투리는 잡히지 말아야 한다.

│ 부연설명 │

사업계획서의 중복성 검토 : 동일한 기업이 동일한 아이템으로 여러 가지 다른 정부지원사업에 합격하는 것을 방지하는 것이 중복성 검토의 첫 번째 목적이다. 유사한 아이템과 중복이 있는 경우에도 문제가 될 수 있지만 경쟁관계에 있는 것과의 문제가 되지 않는다. 따라서 동일한 아이템으로 정부지원사업을 받은 적이 없다면 중복성 검토를 걱정할 필요는 없다.

■ 대면평가도 사업계획서만 평가

대면평가에서는 사업계획서보다 발표자가 더 중요하다고 생각하는 사람들이 있다. 이런 사람들은 '대면평가에서는 발표 자료만 보고 채점하기 때문에 발표 자료를 예술적으로 만들어 발표하는 게 중요하다.'라고 생각하고 발표 자료 제작에 많은 시간과 비용을 투자한다. 사업계획서를 작성할 때보다 더 열심히 발표 자료를 작성한다.

그리고 나서 대면평가에서 떨어지면 '발표 자료가 허접해서, 발표할 때 너무 버벅거려 떨어졌다'라고 생각한다. 하지만 이것은 잘못된 생각이다. 발표 자료가 허접해서, 발표할 때 더듬거려서 떨어지는 일은 거의 없다.

대면평가에서도 점수를 주는 핵심 근거는 사업계획서다. 발표 자료는 채점에 있어서 별로 영향을 미치지 않는다. 한 사업계획서의 서면평가위원과 대면평가위원은 같은 사람이 아니다. 만약 서면평가위원과 대면평가위원이 같은 사람이면 발표 자료의 내용도 채점에 영향을 미칠 수 있지만 평가의 공정성 문제로 서로 다른 평가위원으로 구성된다.

따라서 대면평가위원도 사업계획서를 기준으로 평가할 수밖에 없다. 대면평가위원도 발표평가시간 20분 동안 빨리 사업계획서를 읽고 내용을 이해하는 것이 중요하다. 게다가 대면평가위원이 발표자들의 사업계획서를 미리 읽어 볼 수도 없다. 평가 당일 평가장에 와서 처음 사업계획서를 볼 수 있고 기껏해야 평가전에 10분 정도 훑어보는 정도가 전부다. 때문에 발표 자료에는 관심을 가질 시간이 없고 발표시간에도 발표자의 발표내용을 듣기보다는 사업계획서를 읽고 평가하는데 집중한다. 이처럼 대면평가에 있어서도 합격을 결정하는 것은 발표자료가 아니라 사업계획서다.

정부지원사업에 합격하기 위해 서면평가와 대면평가를 통과하는 것이 가장 중요한데 두 평가 단계에서 합격여부를 결정하는 것은 오로지 사업계획서다. 사업계획서만 제대로 작성한다면 정부지원사업에 90% 이상은 합격할 것이다.

■ 정부지원사업 표준 사업계획서

정부지원사업 사업계획서 양식은 정부부처마다 그리고 각 사업마다 약간씩 다르다. 특히 창업지원사업과 R&D 지원사업의 사업계획서 양식은 전혀 다르다. 창업지원사업은 중소벤처기업부 산하 창업진흥원(www.kised.or.kr)이 운영하는 K스타트업_창업넷(www.k-startup. go.kr)에서 관리되고 있는데 창업사업계획서 양식은 모두 동일하다.

R&D 지원사업의 경우 중소벤처기업부의 '중소기업 기술개발 사업계획서'라는 사업계획서 양식이 표준이고 과학기술정보통신부, 산업통상자원부는 각각의 R&D 사업에 따라 양식이 다르다. 하지만 부처별로 핵심이 되는 7~8가지 평가항목의 작성양식은 거의 비슷하다.

그중 중소벤처기업부의 중소기업 기술개발 사업계획서가 타 부처에서도 공통적으로 요구하는 항목만으로 구성되어 있고 분량도 적당하다. 중소벤처기업부에서 지원하는 모든 R&D 지원사업은 이 양식을 공통으로 활용하고 있다. 때문에 중소벤처기업부의 중소기업 기술개발 사업계획서를 정부지원사업의 표준 사업계획서로 활용해야 한다. 표준 사업계획서라는 것이 왜 필요한 걸까?

이유는 간단하다. 한번 작성한 정부지원사업 사업계획서로 동일부처의 다른 정부지원사업 또는 다른 부처의 정부지원사업에 신청할 때 재활용할 수 있기 때문이다. 다시 또 설명하겠지만 정부지원사업 합격 가능성을 높이기 위해서 신청자격이 된다면 최대한 많은 정부지원사업을 신청해야 한다. 그때마다 사업별 양식에 따라 사업계획서를 작성해야 하는데 표준 사업계획서의 내용을 재가공, 재편집해서 쓸 수 있기 때문에 사업계획서 작성시간과 노력을 최대한 줄일 수 있다.

이를테면 표준 사업계획서로 중소벤처기업부의 R&D 지원사업인 '창업성장기술개발사업 디딤돌과제'에 신청한 기업 중에서 연구개발투자비율 등이 높은 기업은 동일한 사업계획서로 '창업성장기술개발사업 혁신 R&D 과제'와 '혁신형기업기술개발사업'에도 신청할 수 있다. 하나의 사업계획서로 3가지 정부지원사업에 신청할 수 있는 것이다. 그뿐만 아니라 신청자격이 된다면 동일한 표준 사업계획서를 약간 수정·보완해서 수출기업기술개발사업, 구매조건부제품개발사업, 제품공정개선기술개발사업, 제품서비스기술개발사업 등에도 쉽게 신청을 할 수 있다. 또한 표준 사업계획서를 바탕으로 과학기술정보통신부, 산업통상자원부의 R&D 지원사업에도 쉽고 빠르게 신청할 수 있다. 한번 작성한 사업계획서로 1년에 최대 10가지 다른 정부지원사업에 신청도 가능하다.

과학기술정보통신부의 R&D 지원사업은 정보통신산업진흥원(www.nipa.kr)과 정보통신기술진흥센터(www.iitp.kr)에서 산업통상자원부 R&D

지원사업은 한국산업기술진흥원(www.kiat.or.kr)에서 확인할 수 있다. 또 지방자치단체의 기술연구원 및 창조경제혁신센터 등에서도 각종 R&D 지원사업을 추진하고 있다. 창업지원사업 및 R&D 지원사업 관련 주요 사이트는 아래 [표]에서 확인할 수 있다. 초기기업이라면 적어도 1주일에 1회는 방문해야 할 중요한 사이트다. 중소기업 기술개발 사업계획서 양식은 중소기업기술정보진흥원이 운영하는 중소기업기술개발 종합관리시스템(www.smtech.go.kr)의 각 사업공고에서 다운로드 할 수 있다.

[표] 창업지원사업 및 R&D 지원사업 관련 주요 사이트

사이트 명	사이트 지원 내용	비고
기업마당(비즈인포)	중앙정부 등 모든 지원사업 실시간 공지	1주일 1회 방문
중소기업기술개발사업 종합관리시스템(Smtech)	중소벤처기업부 지원사업 공고, 신청, 관리	중소기업에 가장 중요한 지원 사이트
중소기업진흥공단	중소창업기업융자지원, 컨설팅지원	
중소기업 컨설팅 플랫폼	중소창업기업 컨설팅지원사업	
K스타트업(창업넷)	중앙정부 창업지원사업, 입주, 멘토링 등	(예비)창업 기업 대상
창조경제혁신센터	전국 17지역 창업지원사업, 입주, 멘토링	
아이디어마루	(예비)창업자 아이디어 지원사업, 교육	예비창업자
지역지식재산센터	특허, 상표 등 출원, 등록 관련 지원	
정보통신산업진흥원(nipa)	과학기술정보통신부 창업지원, 해외진출지원	ICT 분야 중소기업지원
정보통신기술진흥센터(iitp)	과학기술정보통신부 R&D, 인력지원	
한국콘텐츠진흥원(kocca)	과학기술정보통신부 콘텐츠개발사업자 지원	
한국산업기술진흥원	산업통상자원부 R&D 지원	
한국산업기술진흥협회	기업연구소설립신청, 인력지원사업	
서울산업진흥원	서울시 중소기업 R&D 등 지원	서울소재기업
서울창업허브	서울시 창업지원사업 총괄, 입주지원	
경기도경제과학진흥원	경기도 중소기업 R&D 등 지원	경기도소재기업

┤ 부연설명 ├

K스타트업_창업넷 : 창업지원사업에 관심 있는 사람은 K스타트업 사이트를 방문해 보길 바란다. 이 책에서는 정부 R&D 지원사업을 중심으로 설명하고 있다.

<중소기업 기술개발 사업계획서 양식>

Part II : 문서파일 작성 후 업로드 (신청절차 中 3단계)

* 참고사항 및 작성요령(주석포함)은 제출 시 삭제

참고사항

신청 구비서류 중 '사업계획서'는 기업의 서류 작성부담 완화를 위해 부득이 작성분량(15P 이내)을 제한

사업계획서

---

1. 개발기술 개요 및 필요성

    ○
        -
          ·
          ·

작성 요령

○ 개발대상기술(또는 제품)의 기본개념 등을 제시하고 문제점과 전망 등에 관하여 기술하고 이에 따른 기술개발의 필요성을 서술
○ 제공하려는 서비스의 필요성을 중심으로 연구개발의 현황과 필요성을 서술하되 필요시 개발대상 서비스, 기술, 또는 제품의 기본 개념 등 포함작성(제품서비스기술개발사업만 해당)

2. 개발기술의 독창성 및 차별성

    ○
        -
          ·
          ·

작성 요령

○ 개발대상기술(또는 제품)의 독창성, 신규성 및 차별성 등을 기존기술(제품) 및 세계수준과의 비교를 통해 구체적으로 서술

3. 기술개발 준비현황

3.1 선행연구 결과 및 애로사항

O

작성 요령

O 제안한 기술개발과 관련한 수행기관의 선행연구결과 및 애로사항(상용화를 위해 해결해야 할 사항 등)을 구체적으로 제시

3.2 지식재산권 확보·회피 방안

O

<표> 개발대상 기술(제품, 서비스 등) 관련 지식재산권

지식재산권 명	지식재산권 출원인	출원국/출원번호
① 예) 디자인용 프로그램 개발	㈜우리 회사	한국/102009XXXX
②		
③		

* 본 기술/제품과 직접적 경쟁관계에 있거나 선행특허에 해당되는 국내·외 기관·기업의 지식재산권 관련내용을 기입

작성 요령

O 핵심기술의 지식재산권 확보 방안과 유사특허가 있는 경우, 회피방안 제시

3.3 기술유출 방지대책

O

작성 요령

O 신청과제에 대한 R&D 산출물(사업계획서, 최종보고서, 연구노트, 실험데이터, 디자인·설계도, 기타 결과물 등)에 대한 무단복제, 외부유출 등 기술유출 방지대책에 대해 서술

4. 기술개발 목표 및 내용

4.1 기술개발 최종목표

o

<표> 성능지표 목표 및 측정방법

<주요 성능지표 개요>					
주요 성능지표[1]	단위	최종 개발 목표[2]	세계최고수준[3] (보유기업/보유국)	가중치[4] (%)	측정기관[5]
1. 예) 속도	m³/min	15m³/min 이상	25m³/min(3M, 미국)	20	OOO시험연구원
2. 예) 소음	db	10db 이하	8db(노키아, 핀란드)	15	OO대학교
3. 예) RF 출력	dBm	10dBm 이상	20dBm(보쉬, 독일)	25	OO표준원
4. 예) 편평도	μm	0.5μm 이하	0.1μm(노리다케, 일본)	10	수행기관 자체 측정

※ 수행기관 자체 측정 지표 사유
　O 예) (성능지표 1) . . .

<시료 정의 및 측정방법>			
주요 성능지표	시료정의	측정시료 수[6] (n≥5개)	측정방법[7] (규격, 환경, 결과치 계산 등)
1. 예) 속도	시스템 2식	-	ANSI/AMCA 210-85, 시험용 송풍기를 풍도관에 연결하여 운전할 때 발생되는 압력을 피토관 및 마노메터로 측정한 후 계산에 의해 풍량을 구함
2. 예) 소음	시스템 2식	-	KS I ISO 1996-1, 측정위치에 받침장치(삼각대 등)를 설치하여 측정하고 몸으로부터 0.5m 이상 이격을 원칙
3. 예) RF 출력	시스템 2식	-	상온 25℃, 전파차단 장비의 전 대역에 대하여 규정된 출력전력을 1시간 동안 방사하여 규정된 출력전력이 정상적으로 출력되는지 확인
4. 예) 편평도	제조 시편	10개	KS B 0161,1999, 온도 25℃± 5℃, 상대 습도 65±20%, 대기압 86~106kPa의 조건하에서 측정

※ 시료 수 5개 미만(n<5개) 지표 사유
　O 예) (성능지표 1) . . .

* 주1) 주요 성능지표는 정밀도, 회수율, 열효율, 인장강도, 내충격성, 작동전압, 응답시간 등 기술적 성능판단 기준이 되는 것을 의미하며, 분야별 개발내용에 적정하게 항목에 따라 구체적으로 수치화하여 반드시 제시
* 주2) 최종 개발목표는 '특정목표 값 이상(min)' 또는 '특정목표 값 이하(max)'의 형태로 표현
* 주3) 세계최고수준으로 작성할 대상이 없는 경우는 수요처의 요구수준 등 타당한 수준을 제시하고 사유기재
* 주4) 가중치는 각 주요 성능지표의 최종목표에 대한 상대적 중요도를 말함(가중치의 합은 100이 되어야 함)
* 주5) 측정기관은 주요성능지표에 대해서 **외부 공인 시험・인증기관을 원칙**으로 기재하되, 부득이한 경우 자체평가 (주관기관・공동개발기관・참여기업・위탁기관 등이 시험(성능평가)실시를 수행하는 경우 객관적 사유기재
* 주6) 시료 수는 시험평가 결과의 신뢰성 확보를 위해 최소 5개 이상이어야 하며, 5개 미만 시 사유기재
* 주7) 측정방법은 가능하면 공인규격상의 시험검사방법을 기재(예 : KS・・・, JIS・・・)하고, 공인시험이 불가한 경우 객관적인 평가방법을 제시하여야 하며, 측정 규격(표준, 규정, 매뉴얼 등), 측정환경 등을 기재

4.2 기술개발 내용

1) 1차 연도

<주관기관 개발내용>

<참여기업(위탁연구기관) 등의 개발내용> (해당 시)

2) 2차 연도 (해당 시)

<주관기관 개발내용>
<참여기업(위탁연구기관) 등의 개발내용> (해당 시)

작성 요령

O 개발하고자 하는 주요 핵심기술 및 최종목표 달성을 위한 기술개발방법 위주로 서술
  (12개월 이상인 사업은 1차 연도, 2차 연도로 구분하여 기술개발내용 서술)
O 수요처의 기술지원 지도 내용 포함하여 작성(구매조건부 신제품개발사업, 민관공통투자기술개발사업만 해당)
O 개발하고자 하는 주요 제품-서비스 복합 시스템, 비즈니스모델, 서비스전달체계 등을 구현하기 위한 세부 연구개발 내용을 서술(제품서비스 기술개발사업만 해당)

4.3 수행기관별 업무분장

※ *주관기관, 참여기업, 수요처 위탁연구기관, 외주용역처리 등별로 담당업무를 명기*
※ *수요처 (구매조건부 신제품개발사업만 해당)*

수행기관	담당 기술개발 내용	기술개발 비중(%)
주관기관		
공동개발기관		
참여기업		
위탁연구기관		
수 요 처		
외주용역처리		
총 계		100%

* 수행기관은 기술개발 추진체계에 포함되어 있는 기관으로 상기의 표를 감안하여 작성요망
* 외주용역처리란 주관기관이 추진체계에는 없지만 목업(mock-up) 등 외부 업체를 활용하는 경우를 의미함
* 기술개발 비중이란 전체 기술개발내용을 100%로 하였을 경우에 각 수행기관에서 담당한 업무의 비중을 의미함

4.4 세부 추진일정

차수	세부 개발내용	수행기관 (주관/참여 /수요처/ 위탁 등)	기술개발기간												비고
			1	2	3	4	5	6	7	8	9	10	11	12	
1차 연도	1. 예)계획수립 및 자료조사														
	2. 예)설계도면 작성														
	3. 예)진공펌프 설치														
	4. 예)전체시스템 구성														
	5. 예)시제품 설계도면 작성														
	6. 예)시제품 제작														
	7.														
	8.														
	9.														
	10.														

5. 주요 연구 인력

※ 주관기관의 과제책임자, 핵심개발자(2인 이내) 등 기입, 참여기업이 있을 경우 참여기업 과제 책임자도 추가하여 작성

성 명 (구분)	경력사항			전 공 (학위)	최종 학력
	연 도	기 업(관) 명	근무부서/직위		
(과제책임자)	~				
	~				
(핵심개발자)	~				
	~				
(핵심개발자)	~				
	~				
(참여기업 과제책임자)	~				
	~				

6. 연구시설·장비보유 및 구입현황

구 분		시설 및 장비명	규 격	구입 가격* (백만 원)	구입 연도	용 도 (구입사유)	보유기관 (참여형태)
기보유 시설·장비 (**활용 가능 기자재 포함**)	**자사 보유**						(주)우리회사 (주관기관)
							자기개발(주) (참여기업)
		소계					
	공동 장비 활용						
		소계					
신규 확보가 필요한 시설·장비	**임차**						
		소계					
	구입						
		소계					

* 구입가격은 부가가치세 포함 가격임

7. 사업화 계획

7.1 사업화 실적

※ 기업의 사업화 실적(내수, 수출 모두 제시)에 대한 내용 제시 (최근 5년 이내 실적제시, 판매 주력 제품을 중심으로 제시)

사업화 품목명 (사업화 연도)	품목용도	품질 및 가격경쟁력	수출여부	판매채널 (온·오프라인)
		작성 예) 제품 단가가 xx국가 경쟁기업 xx사 대비 10% 낮아 가격경쟁력이 있고 품질은 세계시장에서 유사한 수준으로 평가됨	수출	작성 예) 베트남 현지 xx 에이전시 활용

7.2 국내·외 시장규모

※ 객관성 있는 산출근거를 바탕으로 개발대상의 기술(제품)에 대한 시장규모를 제시
※ 단, 시장규모 파악이 어려운 경우 표를 생략하고 관련사례, 소비자 조사결과, 뉴스, 해외시장 조사보고서 등 관련 자료를 발췌(출처 명기)

(단위 : 억 원)

구 분	현재의 시장규모(20 년)	예상 시장규모(20 년)
세계 시장규모		
국내 시장규모		
산출 근거	예시) 중소기업 기술로드맵(2016)	

7.3 국내·외 주요시장 경쟁사

※ 본 기술(제품)과 직접적 경쟁관계에 있는 국내·외 기관·기업의 제품 등을 명기

경쟁사명	제품명	판매가격 (천 원)	연 판매액 (천 원)

7.4 제품화 및 양산, 판로개척

- ○ (제품화)
- ○ (양산)
- ○ (판로개척)

작성 요령

○ 제품화 : 개발한 기술이 최종 제품·서비스 형태로 개발되는 동안의 계획과정
  양산 : 제품화 이후의 양산 계획과 방법
  판로개척 : 양산제품의 마케팅, 판매전략 등 판로개척 계획
○ 양산 제품의 마케팅·판매전략 등 판로확보방안
○ SWOT 분석을 이용하여 요소기술/제품/서비스의 시장경쟁력, 차별성 분석

<표> 기술개발 후 국내·외 주요 판매처 현황

판매처	국가 명	판매 단가 (천 원)	예상 연간 판매량(개)	예상 판매기간(년)	예상 총판매금 (천 원)	관련제품

* 본 기술(제품·서비스) 개발완료 후 판매 가능한 판매처를 명기, 수요량은 파악이 가능할 경우에만 작성
* 관련제품의 경우 본 기술(제품·서비스) 개발 완료 후 판매될 제품을 명기하되, 판매처에서 원부자재로 사용되는 경우 최종 제품 명기

7.5 투자 및 판매계획

구 분		( )년 (기술개발 전년)	( )년 (개발종료 해당년)	( )년 (개발종료 후 1년)	( )년 (개발종료 후 2년)
사업화 제품					
투자계획(백만 원)					
판매 계획 (백만 원)	내 수				
	직접수출				
	간접수출				
	계				
비용절감(백만 원)					
수입대체(백만 원)					

* 주1) 기술개발 전년은 최근 결산 재무제표를 기준으로 최신자료 활용
* 주2) 직접수출은 수출실적증명서(한국무역협회), 간접수출은 내국신용장(Local L/C), 구매확인서, 수출실적증명
  원(은행) 등으로 증빙하며 자료는 현장조사 시 확인

7.6 해외시장 진출계획

o

o 개발대상기술(제품, 서비스)의 현지 시장분석 및 해외마케팅 전략, 경쟁사 제품·서비스 분석
o 현재 직·간접 수출액이 없더라도 기술개발을 통한 해외진출 방안·계획을 기술

8. 고용유지 및 고용창출 계획

o

o 현재 고용현황 및 향후 고용유지·고용창출을 위한 계획 및 방안 제시
o 기술 인력을 위한 교육프로그램 운영, R&D 성과 공유, 스톡옵션, 직무보상발명제도,
   내일채움공제 가입 여부 등 주관기관에서 현재 시행중인 제도 등은 반드시 작성

<표> 고용 현황 및 향후 계획

구 분	( )년 (기술개발 전년)	( )년 (개발종료 해당년)	( )년 (개발종료 후 1년)	( )년 (개발종료 후 2년)
신규고용(명)				
상시고용(명)				

주1) 기술개발 전년은 최근 원천징수이행상황신고서를 기준으로 기입, 자료는 현장평가 시 확인

합격의 필수조건 4가지

정부지원사업에 합격하려면 정상적으로 창업하고 정상적으로 사업을 운영해야 한다. 정상적으로 창업한 기업이라면 개발하는 새로운 제품이나 서비스 목표가 있고 적어도 2~3명이 모여 100만 원이라도 자본금을 출자하여 기업을 설립하고 업무를 볼 수 있는 사무실을 갖추고 있어야 한다. 정상적으로 창업해도 99%는 망하는데 비정상적으로 운영하면 성공하기는 더 어려울 것이다. 대표이사와 창업자가 다르고 창업자 지분이 0%인 경우도 있다. 비정상적인 것은 아니지만 일반적인 창업은 아니다. 창업을 하긴 했는데 창업멤버가 겸직하면서 운영하고 있다면 일반적인 창업은 아니다. 정부지원사업에 합격하려면 우선 정상적인 사업 환경부터 갖춰야 한다.

정부지원사업 신청 시 공지된 신청자격을 갖추지 못했다면 신청을 해봐야 합격할 수 없다. 게다가 신청자격 이외에도 정부지원사업에 합격하기 위한 필수조건이 더 있다. 이 조건은 평가 시 평가위원들이 묵시적으로 확인하는 조건이다. 이 조건 중에 하나라도 갖춰지지 않으면 합격하기 어렵다. 그런데 이 필수조건을 갖추는 것이 그리 어려운 것은 아니다. 정상적으로 창업해서 사업을 제대로 한다면 어렵지 않게 갖출 수 있는 조건이다.

정부지원사업 합격의 필수조건 4가지
1. 특허출원 또는 특허등록
2. 최소인원 : 대표자 포함 3명 + 신규채용계획 2명
3. 사업자등록증과 일치하는 실제 근무 가능한 사무실
4. 해외진출에 대한 생각 정리

■ 필수조건 1. 특허출원(등록) 아니면 특허예비출원

신청하는 아이템과 관련된 특허(출원, 등록)는 반드시 있어야 한다. 특허출원인은 창업기업명이나 대표자명, 과제책임자명이라도 상관없다. 등록된 특허가 좋은데 없다면 특허출원서라도 반드시 있어야 한다. 특허출원도 안 된 상태에서 정부지원사업부터 신청하는 기업이 있는데 탈락이라고 보면 된다. 정부지원사업 대부분은 R&D형이다. 새롭고 가치 있는 제품이나 서비스를 개발하는 비용을 지원하고 사업화를 지원하는 것이 정부지원사업이다. 당연히 신청한 기술의 지식재산권을 확보해야 한다. 다른 사람이 권리를 갖고 있는 기술을 개발해봐야 무슨 소용이 있을까? 신청자 본인도 특허등록에 자신이 없어 특허출원도 못한 아이템을 왜 국가에서 지원해줘야 할까? 지원할 필요가 없다. 평가위원은 아이템의 기술성평가에 공정성을 담보해야 하는데 그것이 바로 특허, 지식재산권이다. 나는 특허출원이나 특허등록이 안 된 아이템으로 정부지원사업에 합격한 사례를 본 적이 없다. 또 내가 평가위원으로 사업계획서를 평가할 때 특허출원이나 특허등록이 안 된 아이템을 합격시킨 적도 없다.

변리사를 통한 특허출원비용은 한 건당 대략 120~150만 원인데 비용이 부담되면 특허출원비용을 지원하는 정부지원사업을 이용해라.

그래도 부담이 된다고 하면 특허예비출원제도를 이용하면 된다. 시간과 비용을 절약할 수 있다. 아이템에 대해서 아직까지 기술내용을 완벽하게 정리하지 못했을 때 30~40만 원의 비용으로 특허를 출원할 수 있다. 특허예비출원도 특허출원과 같이 출원번호가 정식 발급된다. 단, 향후 1년 이내에 정식 특허출원을 해야 권리를 인정받을 수 있다.

⊣ 부연설명 ⊢

특허출원비용 지원사업 : 지역지식재산센터(www.ripc.org)에서 특허출원, 특허조사, 해외특허출원, 상표·서비스표 등 출원비용을 지원하는 사업을 운영하고 있으며, 특허청이나 지자체에서도 지원하는 사업을 찾을 수 있다.

특허예비출원제도 : 미국의 가출원(provisional application)에서 도입한 제도로 청구범위 유예제도를 이용해서 청구범위 작성 없이 빠르게 출원할 수 있고 비용도 저렴하다.

■ 필수조건 2. 최소 인력 3명 + 신규채용 2명 이상

정부지원사업의 1차 목표는 고용창출이다. 고용창출을 많이 할 수 있는 아이템이 유리하다. 정부지원사업 합격률을 높이려면 최소인원을 갖추고 신규채용도 필요하다. 내 경험상 1인 창조기업도 정부 R&D 지원사업에 합격하기도 한다. 하지만 흔한 일은 아니다. 아무래도 혼자 개발하고 혼자 사업까지 추진한다면 성공가능성이 낮다고 판단할 것이다. 따라서 최소인원을 갖추고 나서 정부지원사업을 신청하자.

평가위원은 사업계획서에서 주요 개발인력 부분을 상세하게 확인하다. 현재 근무하는(4대 보험 가입된) 사업 참여인력이 대표자 1명이거나 대표자 포함 2명이라면 개발 성공 가능성에 대해 의구심을 가질 것이다. '2명이 모든 개발을 다 할 수 있을까?', '개발지원비가 2억 원이나 되는데 인건비로 전부 쓴단 말인가?' 이런 생각을 할 것이다. 개발 참여인원은 최소 3명은 있어야 한다. 사실 3명도 적은 인원이다. 그래서 신규채용이 필요하다. 최소 2명을 신규채용 하겠다고 하면 안정적이다. 특히 청년고용(34세 이하) 기업을 우대한다. 현재 3명과 신규채용 2명을 포함해 5명이면 안정감을 줄 수 있고 고용창출이라는 정부정책에도 부합된다. 만약 기업 내에 개발인력이 많이 있다면 개발 참여인력으로 4~5명이 적당하고, 신규인력을 2명 이상 충원하다고 한다고 하면 바람직하다.

┤ 부연설명 ├

1인 창조기업 : 창의적인 아이디어, 전문지식 등을 가진 자가 독립적으로 영리를 목적으로 활동하는 1인이 운영하는 기업이다. K스타트업(www.k-starup.go.kr) 홈페이지에 '1인 창조기업 지원센터' 메뉴에서 각종 지원사업을 확인할 수 있다.

■ 필수조건 3. 정상적인 사무실

창업자들 중에 사업자등록증을 낼 때 사무실 임대비용이 아까워 지인의 사무실에 본사주소를 등록하는 경우가 있다. 또는 사무실 주소만 빌려주는 임대사무실로 등록하는 경우도 있고 공유오피스를 이용하는 경우도 있다. 정부지원사업과 관계없다면 전혀 문제될 것이 없다. 어쩌면 비용을 절약하기 위해 권장해야 된다.

하지만 정부지원사업에 합격하려면 정상적으로 근무하는 사무실은 반드시 필요하다. 정부지원사업 평가 시 현장조사를 받는데 사무실이 없거나 사업자등록증상의 주소지와 다르면 탈락할 수 있다. 정부지원사업 전담기관에서는 신청기업이 정상적으로 사업을 영위하는지 확인한다. 정부지원사업 협약기간은 보통 1년으로 그 기간 동안 기업이 계속 사업을 영위해야 정상적으로 과제를 종료할 수 있는데 사무실도 없다면 중간에 문제가 발생하거나 개발을 포기하거나 실패할 가능성이 높아 지원대상에서 배제될 수 있는 것이다. 정부지원사업을 신청할 때까지는 사무실이 없어도 되지만 현장조사를 나오기 전까지는 제대로 된 사무실이 있어야 한다.

■ 필수조건 4. 해외진출의 꿈

정확하게는 해외진출계획이지만 나는 해외진출의 꿈이라고 말하고 싶다. 정말 꿈같은 이야기다. 하지만 우리는 그 꿈을 이야기해야 한다. 그것도 그럴듯하게 말이다.

이제 막 창업한 기업이 무슨 해외진출이란 말인가? 대부분의 초기기업은 해외진출계획이 전혀 없다. 어쩌면 매우 당연한 것이다. 당장 제품개발해서 국내에서 살아남을 수 있을까도 걱정인데 어느 세월에 해외진출을 한단 말인가? 그런데 아쉽게도 대부분의 정부지원사업 평가에서 '해외진출 가능성'이나 '글로벌 진출역량'이라는 항목으로 20점 정도 배점하고 평가한다. 매우 높은 배점이다. 그만큼 중요한 판단 기준이다. 따라서 사업계획서에 반드시 해외진출의 가능성을 설명하고 작성해야 한다.

해외진출계획이 있다면 다행이지만 만약 해외진출계획이 없다면 사업계획서 제출 전에 딱 하루만 고민을 해서라도 계획을 세워야 한다. 터무니없고 누가 봐도 불가능하고 개략적인 내용을 적으면 안 된다. 비록 해외진출에 대한 계획이 소박할지라도 실제 어느 나라에, 언제, 누구를 콘택트해서 진출하겠다는 구체적 의지를 보여줘야 한다. 거의 모든 초기기업에게 해외진출이 어렵기는 마찬가지다. 꿈같은 이야기일 수도 있다. 하지만 정부지원사업에 합격하는 기업들은 합리적이고 실현가능성이 있는 해외진출계획을 제시한다.

제3절

합격에 유리한 조건 2가지

중소기업 기술개발 사업계획서를 한번 공들여 작성하면 그 이후부터는 약간의 수정·편집을 통해 여러 가지 정부지원사업에 중복으로 신청할 수 있다. 정부지원사업은 종류가 다양하고 사업별로 신청자격과 지원 금액에 차이가 있고 경쟁률도 다르다. 한 번에 많이 뽑고, 지원 금액은 많고, 경쟁률은 낮고, 정부지원비중이 높은(민간부담금이 낮은) 사업에 지원하는 것이 당연히 유리하다.

[표] 중소벤처기업부 주요 R&D 지원사업의 지원내용 및 신청자격

사업명	세부사업명	2018년 예산	최대개발기간 최대지원금	지원 비중	신청자격
창업성장 기술개발	디딤돌창업과제	1,393억 원	1년, 1.5억 원	80%	① 7년 이하 중소기업
	여성참여 활성화과제		1년, 1억 원	80%	① 7년 이하 중소기업 ② 여성기업
	혁신 R&D 과제	**529억 원**	**1년, 2억 원**	80%	**① 7년 이하 중소기업 ② 해외현지 법인설립, 대기업 분사. 기술이전도입, 연구개발투자비율 10% 이상, 보육센터연 계형**
중소기업 기술혁신 개발	수출초보과제	204억 원	2년, 4억 원	65%	① 2년 내 수출실적 있으면서 100만 불 미만
	수출유망과제	487억 원	2년, 6억 원	65%	① 2년 내 수출 100만 불 이상
	혁신형 기업 기술개발	**1,137억 원**	**2년, 5억 원**	65%	**① 중소기업기술로드맵 기술테마 개발기업 ② 벤처기업, 이노비즈기업 ③ 연구개발투자비 업종평균이상 ④ 기업부설연구소**

산학연 협력 기술개발	첫걸음협력	387억 원	1년, 1억 원	75%	① R&D 처음 또는 기업부설연구소 신규설치
	도약협력	208억 원	1년, 1억 원	75%	① 기술기업으로 종업원 5인 이상 또는 매출액 5억 이상
	산연전용	337억 원	1년, 1.5억 원	75%	① 정해진 연구기관과 R&D를 수행하는 중소기업
	연구마을	174억 원	2년, 2억 원	75%	① 대학, 연구기관에 기업부설연구소를 설치 이전하는 기업
	지역유망 중소기업	83억 원	2년, 4.5억 원	75%	① 지역 특화산업분야에 경쟁력 있는 기업

중소벤처기업부 정부지원사업 중 초기기업이 가장 많이 신청하는 창업성장기술개발사업 중 세부사업으로 디딤돌창업과제, 여성참여활성화과제, 혁신 R&D 과제가 있다. 디딤돌창업과제의 신청자격은 7년 이하의 중소기업으로 가장 넓다. 여성참여활성화과제는 7년 이하의 중소기업이면서 여성참여기업이라는 특징이 추가돼 경쟁률이 낮다. 다만 최대지원금액도 1억 원으로 낮아진다. 혁신 R&D 과제는 7년 이하의 중소기업이면서 해외법인설립기업, 대기업 분사기업, 기술이전도입, 연구개발투자비율 10% 이상, 보육센터연계추천형 기업 중 하나의 자격이 충족되어야 신청할 수 있기 때문에 경쟁률이 매우 낮다. 그리고 최대지원금액도 2억 원으로 높아진다. 만약 7년 이하의 여성대표기업으로 대기업 분사기업인 경우에는 3개 사업 어디든지 중복으로도 신청할 수 있다. 당연히 그만큼 합격될 확률이 높아진다. 따라서 신청하고자 하는 정부지원사업의 신청자격을 갖추는 것이 매우 중요하다.

그런데 신청자격을 금방 갖출 수 없다. 수개월 전에, 어떤 것은 1년 전에 미리 갖춰놔야 하는 것들도 있다. 따라서 정부지원사업별 신청자격을 미리 확인하고 준비해야 한다. 여성기업의 조건을 갖추려고 갑자기 회사대표를 바꿀 수는 없다. 편법을 쓰는 경우도 있지만 그렇게까지 해서 정부지원사업에 합격하는 것은 나중에라도 문제될 소지가 있어 권장하지 않는다.

창업성장기술개발사업 혁신 R&D 과제 신청자격의 경우 해외법인 설립은 최소 3~6개월은 걸릴 것이고, 대기업을 다니지 않았다면 대기업 분사는 아예 할 수 없는 것이다. 공공기관에서 기술이전을 할 수도 있지만 기관마다 조건도 까다롭고 시간도 많이 걸린다. 연구개발투자 비율 10% 이상은 전년도 손익계산서를 통해서 확인할 수 있기 때문에 1년 전에 미리 준비해야 한다. 보육센터연계추천형은 보육센터에 입주한 기업을 대상으로만 가능한 것이고 또 추천도 받아야 한다.

혁신형기업기술개발사업은 업력 관계없이 벤처기업(이노비즈기업), 연구개발투자비 비율 업종 평균 이상 기업, 기술부설연구소 보유 기업만 가능하다. 이런 조건은 창업 후 빠르면 2~3년에 갖출 수도 있다. 만약 이런 조건을 갖추었다면 최대 1년간 2억 원을 지원하는 창업성장기술개발사업에 신청하는 것보다는 최대 2년간 5억 원을 지원해주는 혁신형기업기술개발사업에 신청하는 것이 훨씬 좋다. 물론 업력이 7년 이하면 두 가지 사업에 동시에 신청하는 것이 좋다.

┤ 부연설명 ├

연구개발투자비율 : 연구개발투자비율=연구개발비/매출액으로 최소 1차 연도 재무제표가 있어서 산출이 가능하다. 또한 매출액이 단 1원이라도 발생해야 계산이 가능하다. 연구개발비는 ①전년 대비 개발비 증가액 ②손익계산서상 연구비, 경상개발비 ③제조원가명세서에 연구비, 경상개발비 ④기타원가명세서에 연구비, 경상개발비를 합친 것이다. 창업자가 이런 내용은 일일이 알 수 없기 때문에 담당회계사에게 문의하여 손익계산서상에 연구비와 경상개발비를 책정해 달라고 해야 한다.

■ 유리한 조건 1. 기업부설연구소

만약 기업부설연구소가 없다면 지금 당장 기업부설연구소를 설립해라. 정부 R&D 지원사업에 신청함에 있어 여러 가지 신청자격 중 당장 갖출 수 있는 것이 기업부설연구소다. 사무실이 있고 기술자가 1명이라도 있다면 기업부설연구소를 설립할 수 있다. 내가 1인 창조기업일 때, 사무실에 책상 4개가 들어갔는데 전용면적 30㎡ 미만이었다. 그래서 파티션만 설치하고 기업부설연구소를 설립할 수 있었다. 사무실이 30㎡ 이상이면 파티션은 안 되고 별도의 출입문이 있는 공간이 있어야만 기업부설연구소 설립이 가능하다. 기업부설연구소 설립신청은 한국산업기술진흥협회(www.koita.or.kr)에서 협회회원 가입 없이 진행할 수 있다. 협회회원에 가입하면 가입비 등 회비를 납부해야 하는데 회원이 아니더라도 기업부설연구소 설립신청은 할 수 있다. 기업부설연구소를 설립하기 위해서는 먼저 기업부설연구소 현판을 제작해서 연구소 입구나 파티션에 붙여 놓아야 한다. 이후 내부사진 등과 배치도를 첨부하고 연구소장 및 전담연구원 인력정보를 등록하면 1주일 내에 승인해준다. 그리고 바로 기업부설연구소 인증서를 출력할 수 있다. 유효기간은 3년이고 별다른 결격사유가 없는 한 계속 연장할 수 있다. 이때 기업부설연구소를 설립한 공간이 없거나 인원이 부족한 경우 연구전담부서를 설립할 수도 있는데 연구전담부서는 정부지원사업에서 신청자격이 안 되는 경우가 있기 때문에 기업부설연구소를 설립하는 것이 낫다.

기업부설연구소로 벤처기업 확인을 받을 수도 있다. 벤처기업은 다양한 세제혜택이 있고 정부지원사업 신청 시 가점도 있다. 벤처기업 확인 유형에는 4가지 있다. ①벤처투자기업유형 ②연구개발기업유형 ③기술평가보증기업유형(기술신용보증기금) ④기술평가대출기업유형 (중소기업진흥공단) 등이 있다.

벤처기업확인유형 중 연구개발기업유형 조건
1. 기술개발촉진법 제7조 규정에 의한 기업부설연구소 보유
2. 창업 3년 이상 기업 : 확인요청일이 속하는 분기의 직전 4분기 연구개발비가 5천만 원 이상이 고, 매출액대비 연구개발비 비율이 별도기준 이상일 것 　창업 3년 미만 기업 : 확인요청일이 속하는 분기의 직전 4분기 연구개발비가 5천만 원이상일 것 (연구개발비 비율 적용제외)
3. 사업성평가기관(기술신용보증기금, 중소기업진흥공단)으로부터 사업성 우수 평가

4가지 유형 중에서 연구개발기업으로 벤처기업 확인을 받으려면 [표]와 같은 조건을 갖춰야 한다. 기술부설연구소가 있어야 하고 직전 4분기 연구개발비가 5,000만 원 이상이어야 한다. 이때 전담연구원들 의 인건비를 연구개발비로 잡을 수 있기 때문에 유리하다.

| 부연설명 |

기업부설연구소 현판 : 인터넷에서 '기업부설연구소 현판' 이라고 검색하면 1∼5만 원으 로 제작대행하는 사이트가 많이 나온다. 제작의뢰하면 1주일 이내에 배송된다.

벤처기업 확인 : 벤처인(www.venturein.or.kr)에서 상세하게 확인할 수 있다.

■ 유리한 조건 2. 연구개발투자비율 10%

기업부설연구소를 설립했다고 해서 정부지원사업 신청자격을 다 갖추는 것이 아니다. 더 유리한 조건은 연구개발투자비율 10%를 넘기는 것이다. 창업성장기술개발사업 혁신 R&D 과제, 혁신형기업기술개발사업 신청자격 중 연구개발투자비율이라는 것이 있다. 연구개발투자비율이 10%를 넘거나 동종업계 평균이상이 되어야만 그 사업에 신청할 수 있다. 그런데 평균 연구개발투자비율이 10%를 넘는 업종은 거의 없다. 따라서 연구개발투자비율 10%를 넘기면 정부지원사업 신청기회가 많다. 기업부설연구소에 소속된 연구소장, 전담인력 인건비는 회계상 연구개발투자비로 산정할 수 있다. 그래서 매출이 적은 초기기업의 경우 2차 회계 연도부터 연구개발투자비율 10%를 간단하게 넘길 수 있다. 물론 연구개발투자비는 기술부설연구소 인건비뿐만 아니라 SW 도입비, 기술이전 도입비 등도 해당되지만 초기기업에 있어서 그런 비용은 아예 없거나 많지 않아 개발자 인건비를 제외하고 연구개발투자비율 10%를 넘기기는 어려울 것이다. 만약 기업부설연구소를 설립할 수 없는 여건이라면 회계사와 상의하여 연구개발투자비로 처리할 수 있는 항목이 무엇인지 확인하고 미리 준비해야 한다.

이런 유리한 조건들은 창업과 동시에 준비하거나 적어도 정부지원사업 신청 1년 전에는 준비해야 한다. 특히 창업성장기술개발사업 혁신 R&D 과제가 그러한데, 연구개발투자비율이 매출액의 10%를 넘어야 하는데 그 증빙방법이 국세청에 신고된 전년도 재무제표다. 다만 전년도 재무제표를 신고하고 확정되는 기간이 매년 3월 말까지라서 정부지원사업 신청접수가 많은 매년 2~3월 사이에는 확정된 전년도 재무제표가 없다. 이럴 때는 가결산된 재무제표로 신청해도 된다. 보통 창업성장기술개발사업 혁신 R&D 과제 1차는 2월 말에 접수마감하기 때문에 전년도 재무제표가 확정되지 않아 전전년도 재무제표를 제출하라고 공지되어 있다. 그런데 전전년도 연구개발투자비율이 10%

가 넘으면 상관없지만 그렇지 못한 경우 전년도 가결산한 재무제표를 제출해라. 이때 가결산한 재무제표의 연구개발투자비율은 10%를 넘는다고 가정한다. 가결산된 자료를 먼저 제출하고 평가가 진행되는 4월 이후가 되면 재무제표가 확정된다. 그런 이후 대면평가, 현장조사에서는 확정된 전년도 재무제표를 통해 연구개발투자비율을 인정받을 수 있다.

이처럼 정부지원사업의 신청자격이 대부분 다르고 빨리 준비할 수 없는 것들도 있기 때문에 장기적으로 계획을 세워 신청할 정부지원사업을 미리 파악하고 미리 신청자격을 준비하는 것이 최선의 방법이다.

제3장 ──────── 합격 사업계획서 작성

이 장에서는 정부지원사업에 100% 합격할 수 있는 사업계획서 작성방법을 설명한다. '열심히 해야 한다.', '잘 분석해야 한다.', '상세하게 적어야 한다.' 등 원론적이고 식상한 설명은 없다. 그런 방법은 합격하는 방법도 아니다.

최근에 합격한 실제 사업계획서 샘플을 중심으로 성능지표 및 목표설정 방법, 사업계획서 구성 및 스토리전개 방식, 대항목별 소제목 표현방법, 페이지 수, 작성분량, 필요한 그림과 표 등 모든 내용을 매우 상세하게 설명한다. 이 장은 정부지원사업 사업계획서를 작성할 때 책상 옆에 두고 참고서처럼 활용할 수 있도록 구성했다.

사업계획서에서 주로 간과되는 편집의 중요성과 사업계획서 배점기준에 대해서 설명한다. 중소벤처기업부 표준 사업계획서인 중소기업 기술개발 사업계획서의 1.개발기술 개요 및 필요성, 2.개발기술의 독창성 및 차별성, 3.기술개발 준비현황, 4.개발목표 및 내용, 5.주요 연구 인력, 6.연구시설·장비보유 몇 구입현황, 7.사업화 계획, 8.고용유지 및 고용창출 계획 등 8가지 항목에 대하여 합격된 샘플을 중심으로 작성방법을 설명한다.

컨설팅을 하면서 초기기업이 사업계획서를 작성할 때 글자크기를 얼마로 해야 하는지, 몇 장을 써야 하는지, 글씨 폰트를 바꿔도 되는지, 표를 수정해도 되는지 등 아주 사소한 것까지 궁금해 한다는 것을 알았다. 이 장은 그런 사소한 궁금증까지 완벽하게 해결해주는 정부지원사업 사업계획서 작성 지침의 핵심이다.

합격 사업계획서 기본 원칙 5가지

■ 기본 원칙 1. 정부 요구사항 반영

정부가 지원사업을 통해 얻고자하는 첫 번째 목적은 고용창출이다. 1~2억 원씩 되는 자금을 중소기업에 지원하고 1~2명의 고용창출을 유도한다. 지원금의 30%는 신규직원 인건비로 지출되고 그것은 바로 소비와 연결된다. 중소기업에 정부지원금을 지급하면 고용도 창출되고 생산과 소비도 촉진되는 아주 심플한 논리다. 두 번째는 중소기업의 해외진출이다. 우리나라는 수출을 통해 경제를 발전시킨 나라이기 때문에 해외진출을 대단히 장려한다. 수출기업을 지원하는 사업은 각 부처별로 매우 많고, 자주 있으며, 지원금액도 꽤 높다. 현금성 지원뿐 아니라 바우처형 지원사업도 많다. 초기기업이 해외진출 성과를 냈다면 평가과정에서 기술성은 그다지 중요하지 않다. 그 검증은 이미 해외에서 완료된 것으로 간주한다. 해외 진출한 초기기업은 정부지원사업에 합격할 확률이 매우 높다.

2018년의 경우, 정부지원정책의 중요사항은 '일자리 안정자금'이었다. '일자리 안정자금' 수혜 기업을 대상으로 정부지원자금을 우선적으로 지원하는 내용을 발표했다. 연초에 정확한 공지가 없었지만 나중에 확인하니 '일자리 안정자금' 수혜기업은 대면평가에서 3점의 가점을 받았다. 나는 내가 컨설팅한 모든 기업에 '일자리 안정자금' 수혜기업이 되도록 지도했다. 그리고 대면평가 시에 그 내용을 포함해서 발표하도록 시켰다. 모두 합격했다. '일자리 안정자금' 수혜기업이기 때문에 합격한 것은 아니겠지만 그것을 준비한 기업과 준비하지 않은 기업은 분명히 다르다. 특히 대면평가 평가지표에 정부정책부합성이라는 평가항목도 있어 영향을 미칠 수 있다.

연말연시 정부지원사업 설명회 참석을 통해 정부의 정책방향에 맞는 정부지원사업 기본방향을 이해하고 사업계획서를 작성하면 합격하는데 큰 도움이 된다.

■ 기본 원칙 2. 기술성보다 사업성에 집중

정부지원사업은 새로운 제품이나 서비스 개발을 지원한다. 사업계획서에서 개발기술의 개요, 차별성, 독창성, 최종개발 내용과 방법 그리고 성능지표와 측정방법을 기술해야 한다. 기초과학, 자연과학, 기계분야 등은 개발목표와 성능지표를 명확하게 기술할 수 있고 그 자체로 차별성과 독창성으로 인정받을 수 있다. 그런데 새로운 서비스를 개발하는 아이템(대부분 초기기업의 아이템)은 서비스 플로우를 개선하여 사업성으로 승부하기 때문에 기술 자체는 상대적으로 덜 중요하다. 단지 기존 기술을 활용하는 것이지 새로운 기술을 개발하는 것은 아니다. 현재의 기술로 충분히 구현이 가능하기 때문에 획기적이고 차별화된 기술개발은 없다.

대부분의 초기기업에 있어서 차별화되고 독창적인 것은 기술 자체가 아니라 새로운 비즈니스 아이디어이고 서비스 플로우 자체인 것이다. 기술은 단지 그 아이디어와 서비스를 구현하기 위해 활용되는 도구일 뿐이다. 공유자동차 앱, 배달 앱 서비스를 예로 들어보자. 두 아이템은 아이디어가 차별화되고 독창적인 것이지만 그것은 구현하는 요소기술은 이미 공개되어 있는 것들이다. 앱을 구현하는데 기존에 없던 획기적인 기술을 개발하거나 지금까지 앱에서 이용하지 않았던 새로운 알고리즘을 개발할 필요도 없다. 오히려 앱을 효과적으로 개발하기 위해서는 이미 검증된 기술을 활용하는 것이 훨씬 안정적이다. 따라서 차별화되고 독창적인 기술은 없다. 그런데 만약 공유자동차 앱, 배달 앱 서비스가 출시되기 전에 이런 아이디어로 정부지원사업을 신청했다면 합격할 수 있었을까? 만약 정부지원사업 사업계획서에서 요구하는 기술의 차별화, 독창성에 아이디어를 구현하는 요소기술에 초점을 맞췄다면 탈락했을 것이다. 하지만 사업성에 초점을 맞췄다면 합격했을 것이다. 이런 서비스를 시도하는 아이템들이 반드시 합격해야 된다고 생각한다. 사업계획서를 사업성 중심으로 기술해야 한다.

사업성 위주로 사업계획서를 작성한다면 개발기술의 개요, 차별성, 독창성, 특허내용, 개발최종목표, 개발 내용 및 방법은 도대체 어떻게 작성해야 할까? 대부분의 초기기업이 이것이 고민일 것이다. 기술개발의 개요 부분을 기술이 아니라 서비스의 개요라고 생각하고 작성하면 된다. 기술의 차별성, 독창성도 마찬가지다. 이번에 개발하는 기술이 아니라 서비스의 차별성, 독창성을 설명하면 된다. 최종 개발목표와 개발내용에는 서비스를 제공하기 위해 구축되고 구현되어야 할 세부시스템에 대해서 정리하면 된다. 세부시스템을 개발하는데 차별화된 기술은 필요하지 않다. 어떤 기술이 활용되고 어떤 시스템과 연결되고 어떤 기능이 구현되는지를 정리하면 된다. 다만 성능지표와 목표측정 방법은 객관적인 수치가 제시되어야 하기 때문에 측정할 수 있는 기술적 기준을 제시해야 한다.

■ 기본 원칙 3. 대면평가표 고득점 전략

대부분의 초기기업이 사업계획서를 작성할 때 공지한 사업계획서 양식에만 딱 맞춰 내용을 채워 넣는다. 무엇을 평가하고 배점이 얼마인지에 대한 고민 없이 사업계획서 양식을 채워야 한다는 생각뿐이다. 평가표가 있는데 관심도 없고 그것을 살펴볼 여유도 없다. 하지만 학교 시험도 과목별 배점을 미리 알고 시험을 치르듯이 정부지원사업도 어떤 항목이 점수가 높은지 미리 파악해야 한다. 합격이 간절하다면 공지된 사업계획서 양식에 따라 무작정 작성하지 말고 작성하기 전에 반드시 평가표를 확인하고 무엇이 중요한지 파악해야 한다.

중소기업 기술개발사업 대면평가표(공통 예시)

사업 명			
과제번호		평 가 일	20 . . .
과 제 명			
주관기관		과제책임자	
공동개발기관		공동책임자	
참여기업		위탁연구기관	

구분	평가지표	평가요소	평점				
			탁월	우수	보통	미흡	불량
기술성 (40)	창의·도전성 (15)	기술개발 필요성 및 차별성	15	12	9	6	3
	기술개발 방법 구체성 (15)	기술개발 목표 및 개발방법, 개발기간의 적정성	15	12	9	6	3
	기술보호역량 및 지식재산권 확보방안 (10)	내부 보안관리 체계, 기술보호 계획 및 지식재산권 확보·회피 방안 적정성	10	8	6	4	2
사업성 (55)	사업화 계획 (20)	목표시장 분석의 정확성, 사업화 계획의 구체성 및 투자(판매)계획의 적정성	20	16	12	8	4
	글로벌화 역량 (15)	글로벌 진출가능성(수출실적, 수입대체 증빙자료 등을 참고), 수출 관련 인력 현황, 목표 해외시장 이해도, 현지화 계획, 해외수출망 확보계획 등	15	12	9	6	3
	고용 친화도 (20)	고용증가, 근로환경(정규직 전환지원, 일자리 함께하기 지원, 가족친화인증기업 등) 성과공유(미래성과공유, 내일채움공제, 청년내일채움공제, 스톡옵션운영 등), 법령준수 등	20	16	12	8	4
정책부합성(5)		신성장동력 및 미래성장동력 적합성, 기타 사업별 특화 지표	5	4	3	2	1
합 계							점

평가 의견	□ 기술성 및 기술개발 역량 : □ 사업성 : □ 정책 부합성 :

* 평가위원간 과제 내용에 대한 토론시 사전 순위결정은 금지(평가위원별 자율평가 실시)
* 고용친화도는 중소기업 고용영향 평가시스템(고용영향평가지표)을 기준으로 산정한 점수를 환산하여 반영(일부사업만 적용: 중소기업기술혁신, 제품서비스, 공정품질, 산학연협력사업, 상용화)
 단, 적용사업들은 사업별 특성을 고려하여 고용친화도 배점을 조정할 수 있음
* 고용영향 평가시스템 미적용사업은 별도의 평가요소를 마련하여 평가실시

[그림] 중소벤처기업부 중소기업 기술개발사업 대면평가 평가표

사업계획서를 작성하기 전에 먼저 살펴봐야 할 것은 대면평가 평가표다. 서면평가 평가표와 대면평가 평가표는 평가항목도 다르고 배점도 다르다. 서면평가는 기술성이 조금 더 중요하다면 대면평가는 사업성을 더 중시하면서 글로벌 진출역량과 고용친화도 점수가 높고 정부정책부합성이라는 항목도 추가되어 있다. 그런데, 자세히 보면 대면평가 평가항목은 서면평가 평가항목을 모두 포함하고 있다. 따라서 대면평가 평가표 내용을 확인하고 사업계획서를 작성하면 서면평가의 평가항목도 전부 커버할 수 있다. 서면평가 통과만을 염두하고 사업계획서를 작성하면 글로벌 역량과 고용친화도부분에 신경을 덜 쓰게 될 것이다. 이처럼 평가단계가 서면평가와 대면평가로 나눠져 있다면 대면평가 평가표 내용을 중심으로 사업계획서를 작성해야 한다.

■ 기본 원칙 4. 읽기 편하고 깔끔한 편집

사업계획서

1. 기술개발의 개요 및 필요성

o 기술 개발의 개요
- **국내최초 오디오 서비스 분야의 모바일 네트워크 광고 시스템**
- 수많은 App이 광고수익을 위해 채택하고 있는 구글 Admob, 애플 iAD, 다음 Ad@m, 퓨쳐스트림네트워웍스 Cauly 등과 같은 네트워형 모바일 배너 광고 SDK처럼, 모바일라디오, 모바일뮤직 같은 모바일 오디오 App과 다양한 신규 오디오 서비스 플랫폼(AI음성비서, 카넥티드, 팟캐스트 등)에 최적화된 오디오 광고를 자동으로 공급하는 국내 최초의 "모바일 오디오 광고 시스템"

O 배경
- AI기반 음성비서, 카커넥티드 등 오디오 콘텐츠 서비스 확대 시작
  · 최근 AI기반 음성비서 스피커 시장이 확대되면서 팟캐스트 위주의 오디오 콘텐츠 서비스가 음성비서 OS, 카커넥티드 시장 오디오 콘텐츠로 활용가치 증가(시리, 구글나우/구글홈, 아마존 에코, MS 코티나, SKT 누구, KT 기가지니 등)
  · 국내외 팟캐스트 서비스 시장 확대(NAVER 오디오클립/클로바,
NHN팟티 등) 오디오 콘텐츠 매체의 다양화 및 On-Demand 콘텐츠 급성장
  · 정부도, 대기업도 AI 음성비서 서비스 활성화에 투자확대 및 기업간 협력요구, NAVER, 오디오 콘텐츠 및 플랫폼사에 300억원 투자펀드 조성
- 오디오 콘텐츠를 소비할 수 있는 하드웨어적 시장이 마련됨에 따라 오디오 콘텐츠 부족현상에 발생할 것으로 예상되고, 시장 성장 가능성이 매우 높음

O 필요성
- *오디오 콘텐츠 사업자의 수익을 위한 오디오 광고 서비스는 필연적으로 출현*
  · 국내에는 Network형 Digital Audio AD Tech 시스템 全無
  · 모바일 오디오 광고 시장 초기 태동 단계로 블루오션 시장 선점 필요
  · 오디오 콘텐츠 사업자들의 위해 오디오 콘텐츠에 특화된 수익화 시스템 필요
  · 해외 유력 오디오 콘텐츠 서비스 사업자들 오디오 광고 플랫폼 주목 (Spotify, Adobe)

[그림] 성의 없는 편집

공고된 중소기업 기술개발 사업계획서 양식을 편집 없이 그대로 작성하다 보면 1.개발기술의 개요 및 필요성 부분부터 8.고용유지 및 고용창출 계획 부분까지 글꼴, 글 크기, 문단모양, 줄 간격, 장평 등 모두 통일되지 않아 지저분해 보인다. 별도의 편집방법이 정해져 있지 않기 때문에 작성자가 일정부분 편집을 해야 한다. 사업계획서 기본 양식에 필수로 포함되어 있는 항목을 삭제하지 않는 이상 편집용지 여백, 글꼴, 글 크기, 문단모양 등을 수정·편집할 수 있다.

[그림]사례를 보면 문단 꼭지 o표의 통일성이 없고 글 크기, 줄 간격도 다르다. 문단모양이 정렬되지 않아 줄이 바뀌는 오른쪽 끝이 들쭉날쭉하다. 기술개발의 개요 및 필요성 부분을 굳이 2페이지로 나눠 쓸 필요도 없어 보인다. 쓸데없이 분량을 늘리면 읽기만 귀찮다. 이렇게 정리되지 않은 사업계획서를 이해하기 위해서 읽다보면 집중이 안되고 심지어 짜증날 수도 있다. 평가위원은 사업계획서 읽을 시간이 부족하다. 합격시켜야 할 사업계획서는 3~4개뿐이다. 굳이 편집이 무성의해 읽기 어렵고 이해하기 어려운 사업계획서에 시간을 더 투자해서 집중적으로 검토해야 할 이유가 있을까?

국내 OTA 사업자들과 방한 외국인 관광객을 위한 국내최초 통합 모바일 앱 서비스 및 그 플랫폼 개발

1. 개발기술의 개요 및 필요성

〈개발기술의 개요〉 국내 OTA서비스를 통합하여 방한 외국인 관광객 대상으로 대면으로 제공

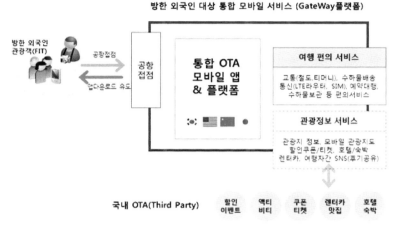

[그림] 국내 OTA 통합 모바일 서비스 개요도

방한 외국인 자유여행객(FIT[1]) 대상으로 국내 여행중 중 관광정보 및 여행 편의서비스를 통합 제공할 수 있는 모바일 서비스 앱과 그 플랫폼으로 방안 외국인 관광객을 대상으로 공항의 모든 정보센터와 연계하여 접점마다 대면으로 앱을 설치하게 하여 여행 관련 통합 서비스 제공

〈개발 제안배경〉 외국인 FIT 증가 및 모바일서비스 활용 니즈 증가
1) 방한 외국인의 지속적인 증가 (2015년 1,320만명, 2016년 1,720만명)
2) 모바일 플랫폼 활용을 중시하는 개발 자유여행의 3세대로 이동
3) 외국계 글로벌 여행 서비스(OTA)사업자의 국내시장 장악
4) 외국인 자유 여행객의 여행 中 모바일 서비스에 이용에 대한 니즈 증가

〈개발의 필요성〉 국내 토종 OTA의 마케팅활로 확보 및 경쟁력 확보
1) 외국계 OTA사업자에 대응할 수 있는 정부차원의 국내 토종 서비스 필요
2) 국내의 다양한 소규모 OTA사업자가 Third Party 형태로 참여하고 FIT대상으로 지속적인 홍보 및 접점 확보가 가능한 통합형 모바일 컨시어지 플랫폼 필요
3) 공항에서 외국인 관광객이 마주치는 모든 접점과 계휴를 통한 통합 OTA서비스 보급 확산 필요. 외국인 FIT대상 모바일 concierge 플랫폼 확산을 위한 Off-line 거점 확보를 통한 모바일 컨시어지 서비스 홍보 마케팅, 성장 가능성 높음.

---

[1] (Free Independent Tour. 개별자유여행 또는 개별자유여행객) 개인으로 움직이는 여행 및 여행자를 나타내는 말로 패키지 /단체여행 관광객들과 반대되는 개념으로 사용하며 과거의 전통적인 오프라인 여행사를 통하지 않고 개인이 직접 항공권과 호텔을 예약해서 일정을 잡는 여행이나 여행자들을 칭함.

[그림] 읽기 편하고 깔끔한 편집

사업계획서는 친절해야 한다. [그림]은 개발기술의 개요 및 필요성 내용을 이해하기 쉽고 깔끔하게 편집한 것이다. 상하좌우 편집용지여 백을 넓혔고 번호형식을 통일시켰다. 과제명을 명확하게 하고 소제목 의 위치와 형태를 통일했고, 시스템 개요도를 그려 넣어 개발기술의 이해를 돕고 있다. 개발기술의 개요, 배경, 필요성을 명료하게 설명하 기 위해 세부항목을 3~4개로 제시했다. 중요한 부분은 붉은색, 볼드 체, 밑줄을 넣어 강조하였다. 평가시간이 부족한 평가위원이 강조한 부분만 읽더라도 내용을 빨리 이해할 수 있어야 한다. 두 가지 사업계 획서를 평가하는 평가위원이라면 당연히 후자에게 더 높은 점수를 줄 것이다.

중소기업 기술개발 사업계획서를 작성할 때 표준 분량이 있다. 창 업성장기술개발사업의 경우 15페이지 이내로 작성하라고 권장하고 있 다. 사업계획서를 대충 작성하면 15페이지 작성하는 것도 매우 많게 느껴지지만 제대로 사업계획서를 작성하면 15페이지가 매우 부족한 분량이다. 내용을 줄여 핵심만 작성하는 것이 더 어렵다. 정해진 분량 을 많이 초과하지 않고(최대 20페이지 이내) 내용을 많이 쓸 수 있게 하는 방법이 '편집의 기술'이다. 중소기업 기술개발 사업계획서 작성 전에 표준 사업계획서 양식의 편집용지여백, 글꼴, 글 크기, 문단모양, 줄 간격, 장평 등을 새로 편집 설정해 양식을 꾸며야 한다. 아래 [표] 는 내가 사업계획서 작성 시 주로 활용하는 기본적인 편집 설정이다.

중소기업 기술개발 사업계획서 편집 설정	
1. 편집용지여백	왼쪽, 오른쪽 여백 : 23mm, 위쪽, 아래쪽 여백 : 16mm 머리말, 꼬리말 여백 : 10mm
2. 기본 글꼴	바탕글/표글/각주 : 나눔명조 볼드체 : 나눔명조 ExtraBold, 대제목 : 나눔명조 Bold
3. 글꼴 크기	과제명 크기 : 18pt, 대제목 크기 : 13pt 본문 기본 크기 : 12pt 표 크기 : 10pt, 각주 크기 : 9pt
4. 장평, 자간	장평 : 95%(표준 100%), 자간 −5%(표준 0%)
5. 줄 간격	160%

사업계획서는 기본적인 순서와 필수항목에 변경이 없다면 편집용지 형태를 재설정해도 괜찮다. 편집용지여백을 늘리면 1.개발기술의 개요 및 필요성을 1페이지로 구성하면서도 그림이나 표까지 넣어 설명할 수 있다. 글꼴은 NAVER에서 무료로 배포하는 '나눔명조체'를 이용하는데 PC화면으로 사업계획서를 볼 때 가장 정돈된 느낌을 준다. 글 크기는 본문 바탕글자로 12폰트를 적용한다. 장평과 자간을 5%씩 줄여 문장 내 글자를 더 많이 넣을 수 있고 그것이 더 스마트해 보인다. 줄 간격은 기본 160%로 하는데 최종 편집 중에 조정할 수 있다. 사업계획서를 작성하기 전에 본인만의 스타일을 만들어 활용하기 바란다. 다만 너무 튀지 않도록 주의해야 한다.

┤ 부연설명 ├

PC로 사업계획서 평가 : 서면평가, 대면평가 시 사업계획서를 PC화면에서만 검토하고 하드카피로 출력하여 검토하지 않는다. PC화면으로 읽기 편한 편집이 유리하다.

■ 기본 원칙 5. 세부항목별 중요도 반영

[표] 중소기업 기술개발 사업계획서의 평가과정에서 세부항목별 중요도

순번	목차 및 내용		중요도점수
	대항목	세부항목	
1	개발기술 개요 및 필요성		30
2	개발기술의 독창성 및 차별성		20
3	기술개발 준비현황	3.1 선행연구 결과 및 애로사항	2
		3.2 지식재산권 확보·회피방안 <표>개발대상 기술(제품, 서비스 등) 관련 지식재산권	5
		3.3 기술유출 방지대책	1
4	기술개발 목표 및 내용	4.1 기술개발 최종목표 <표>성능지표 목표 및 측정방법	10
		4.2 기술개발 내용	5
		4.3 수행기관별 업무분장(표)	1
		4.4 세부추진일정(표)	1
5	주요 연구 인력		2
6	연구시설·장비보유 및 구입현황		1
7	사업화 계획	7.1 사업화 실적(표)	2
		7.2 국내·외 시장규모(표)	3
		7.3 국내·외 주요시장 경쟁사(표)	2
		7.4 제품화 및 양산, 판로개척 <표>기술개발 후 국내·외 주요 판매처 현황	4
		7.5 투자 및 판매계획(표)	1
		7.6 해외시장 진출계획	5
8	고용유지 및 고용창출 계획 <표>고용 현황 및 향후 계획		5
중요도 점수 합계			100

　　수많은 발표평가 과정에서의 경험, 평가위원으로서의 평가경험을 종합하여 실제 평가표 배점과는 다른 새로운 배점표를 만들었다. [표]와 같이 사업계획서 세부항목별로 중요도 점수를 매겼다. 이것이 사업계획서의 진짜 배점표라 할 수 있다.

중소기업 기술개발 사업계획서의 대항목은 1.개술개발 개요 및 필요성부터 8.고용유지 및 고용창출계획까지 8~9가지 항목으로 구분된다. 대항목은 약 20개의 세부항목으로 구분된다. 이 세부항목들의 중요도를 100점 만점으로 배점했을 때 1.개발기술의 개요 및 필요성, 2.개발기술의 독창성 및 차별성, 3.2지식재산권 확보·회피방안, 4.1기술개발 최종목표, 4.2기술개발 내용, 7.6해외시장진출계획, 8.고용유지 및 고용창출계획 등 8가지 항목이 80점 이상을 차지한다. 그중에서도 1.개발기술의 개요 및 필요성과 2.개발기술의 독창성 및 차별성 항목이 전체 배점의 50% 이상을 차지한다.

위 8가지 세부항목이 80점을 넘기 때문에 사업계획서 작성 시 가장 중요하게 작성해야 한다. 평가위원은 위 8가지 항목으로 합격여부를 결정한다.

중소기업 기술개발 사업계획서에서 항목별 중요도 점수를 상세히 보면 1.개발기술의 개요 및 필요성 부분이 30점, 2.개발기술의 독창성 및 차별성 부분이 20점으로 중요도가 가장 높다. 대부분의 평가위원은 시간이 부족한 관계로 사업계획서의 1, 2번 항목만 읽어보고 합격여부를 마음속으로는 결정한다. 첫 인상이 중요하다. 처음부터 임팩트가 있으면 긍정적으로 평가를 진행하게 된다. 그중에서도 1.개발기술의 개요 및 필요성이 제일 중요하다. 사업계획서 첫 번째 항목인 개요 및 필요성 부분을 읽어 보는데 공감이 안 되면 계속 읽어보고 싶지 않다. 평가위원이기 때문에 사업계획서를 꼼꼼하게 살펴본다고 생각하면 오해다. 평가위원은 그렇게 너그럽지 않다.

다음으로 <표>성능지표 목표 및 측정방법이 중요하다. 이 부분은 뒤에서 아주 상세하게 설명하겠지만 평가위원이 가장 많이 지적하는 부분이고 평가의견에서도 가장 많이 인용되는 부분이다. 그 다음 기술개발 내용, 해외시장 진출계획, 고용유지 및 고용창출 계획 순으로 중요하다. 중요도 점수에서 1~2점으로 배점된 부분은 사실 크게 중요치 않은 부분이지만 작성은 해야 한다.

합격하는 사업계획서의 기본 원칙 5가지는 정부 요구사항 반영, 기술성보다는 사업성, 대면평가표 중심의 작성, 읽기 편하고 깔끔한 편집, 새로운 배점표 확인이다. 일반적으로 생각했던 원칙들과는 다를 것이다. 지난 18년간 사업계획서를 작성하여 합격한 경험과 평가위원으로서 사업계획서를 평가하면서 얻는 경험을 바탕으로 그 기본 원칙을 찾아냈다. 그리고 이 5가지 원칙에 따라 작성한 사업계획서가 정부 지원사업에 100% 합격하는 것을 컨설팅을 통해 확인했다.

이제부터 100% 합격하는 사업계획서 작성방법에 대하여 알아보자. 사업계획서 작성방법을 설명하기 전에 작성 항목별로 중요도, 페이지 수, 세부항목 내용에 대해서 간략하게 먼저 요약하였으니 참고하여 읽기 바란다.

개발기술의 개요 및 필요성 작성방법

'개발기술의 개요 및 필요성' 구성	
1. 중요도	★★★★★ (가장 중요)
2. 페이지	1페이지 (분량 1페이지)
3. 세부항목	1) 과제명 2) 개발기술의 개요 3) 개요도 or 구성도 4) 기술개발의 배경 5) 기술개발의 필요성

사업계획서 작성 시 가장 중요한 부분이 개발기술 개요 및 필요성 항목이다. 실제 사업계획서에서 차지하는 분량은 1페이지뿐이지만 나는 이 부분을 작성하는데 전체 사업계획서 작성기간의 1/3인 10일 정도를 투자한다.

배경과 필요성 관련한 기사 및 연구보고서를 검색하여 근거를 찾아놓고 제품, 서비스의 개발 개요도를 작성하기 위해 끊임없이 제품이나 서비스의 실체를 정의한다. 실체를 정의해야 개요도나 구성도를 그릴 수 있으며 개발의 배경, 필요성도 확정할 수 있다. 그리고 정리한 내용을 1페이지로 간결하게 압축해야 한다.

평가위원이 이 부분을 읽고 공감과 호기심이 생기게 해야 한다. 공감을 얻으려면 배경과 문제점을 간파해야 하고 호기심을 갖게 하려면 해결방안에 '최초'라는 개념이 녹아 들어가 있어야 한다.

이 구성은 개발기술 개요 및 필요성 부분을 작성할 때 쓰는 기본 방식이다. 개발기술 개요 및 필요성 부분은 사업계획서에서 1페이지로 작성한다. 2~3페이지 쓸 수도 있겠지만 사업계획서 평가위원으로 검토할 때 보니 1페이지로 된 것이 간결하고 깔끔해서 사업계획서 내용을 이해하는데 도움이 되었다. 그리고 과제명을 표시하고, 개발기술의 개요, 개요도, 기술개발의 배경, 기술개발의 필요성 부분은 3가지 세부항목, 개조식으로 작성한다.

■ 사업계획서 시작은 '<u>사업계획서</u>'가 아니라 과제명

Part II : 문서파일 작성 후 업로드 (신청절차 中 3단계)
* 참고사항 및 작성요령(주석포함)은 제출시 삭제

> **침고사항**
>
> 신청 구비서류 중 '사업계획서'는 기업의 서류 작성부담 완화를 위해 부득이 작성분량(15P 이내)을 제한

사업계획서
───────────

1. 개발기술 개요 및 필요성

○
　-

[그림] 중소기업 기술개발 사업계획서 양식 첫 부분

중소기업 기술개발 사업계획서 양식 첫 페이지를 보면 맨 위쪽에 '밑줄 그은 사업계획서'가 글자 크기 20폰트로 박스 처리되어 있다. 윗부분에 있는 Part II : 문서 파일 작성 후 업로드 부분과 참고사항은 문서에 대한 설명영역으로 실제 사업계획서를 작성할 때 삭제한다. 사업계획서 맨 상단에는 '밑줄 그은 사업계획서 박스'만 남아있는 상태에서 작성한다.

그런데 사업계획서 중 50% 이상은 '밑줄 그은 사업계획서 박스'를 그대로 놔둔 채 과제명을 표기하지 않고 제출한다. 평가위원이 사업계획서 파일을 열었을 때 과제명이 없어 답답하고 심지어 짜증난다. 과제명이 적혀있다면 개발기술의 개요 부분을 읽을 때 과제명과 매칭 하여 이해하기 훨씬 용이하다. 친절한 사업계획서의 기본인 것이다. 평가위원이 과제명을 확인하기 위해서 Part I 이라는 별도 요약 문서를 열어야 한다. 물론 Part I 문서는 반드시 열어보지만 대부분 회사 현황을 보기 위해 열어보는 것이지, 과제명을 확인하려고 여는 것은 아니다. 결국 이런 것이 평가위원을 귀찮게 만든다. 굳이 '밑줄 그은 사업계획서'를 그대로 남겨둘 필요가 있나? 제출한 문서가 사업계획서라는 것은 누구나 다 아는 사실이다. '밑줄 그은 사업계획서'를 남겨두지 말고 반드시 과제명으로 채워 넣어라.

오디오 콘텐츠 사업자를 위한 국내최초 이어폰연결음 기반의 네트워크형 오디오 광고 시스템 개발

1. 개발기술 개요 및 필요성

[그림] 과제명을 표기한 중소기업 기술개발 사업계획서 첫 부분

■ 과제명 형식 '①국내최초, ②~를 위한, ③~차별화기술이 포함된, ④시스템'

과제명을 잘못 써서 탈락되지는 않겠지만 당연히 사업계획서를 이해하는데 도움이 되는 방향으로 작성해야 한다. 정부지원사업 관련 안내서나 동영상 등을 보면 과제명 정하는 것을 비중 있게 다루고 있다. 육하원칙에 따라서 작성해야 하고, R&D 목적·대상·목표·목표수준·단계 등이 포함되어야 하고 과제명에 수치를 구체적으로 표기하고 누구를 위한 개발 제품인지를 이해시킬 수 있도록 해야 한다고 되어있다. 너무 복잡하고 거창하게 설명한다. 그리고 나서 막상 예로 제시한 사업계획서 과제명을 보면 설명한 원칙이 전혀 적용되지 않는다. 다소 무리하고 쓸데없는 설명 같다. 과제명은 작성은 아래 제시한 간단한 공식이면 충분하다.

사업계획서를 작성하는 과정에서 과제명은 계속 바뀐다. 처음에는 과제명을 대략 정하고 사업계획서 작성을 시작하는데 시장조사를 하는 과정에서, 개발목표 및 내용을 설명하는 과정에서, 목표시장 분석 및 마케팅 방안을 작성하는 과정에서도 과제명은 계속 바뀌게 된다. 처음에는 개발하는 시스템에 대한 막연한 목표가 있을 뿐 구체적인 개발목표와 산출물의 가치, 상품화 전략 등이 완벽하지 않기 때문에 당연히 발생하는 일이다. 그렇다고 과제명 없이 사업계획서를 작성하게 되면 내용의 일관성이 없고 방향을 잡을 수 없게 된다. 때문에 초반에 과제명을 대략 정하고 사업계획서 작성을 시작해야 한다. 아주 간단하게 과제명을 정하는 방법이 있다. 너무 고민하지 말고 따라하면 된다.

과제명을 정하는 공식은 아래와 같다. 이 공식대로 과제명을 정하고 시작하면 개발하는 제품과 서비스를 이해시킬 수 있고 차별성과 필요성도 어필할 수 있다. 당연히 평가위원이 사업계획서를 평가하는데 긍정적으로 도움을 준다.

① 국내최초 ②~를 위한 ③~(차별화기술이 포함된 문구) ④ 시스템

<과제명 예, 실제사례와 관계없음>

중소상공인을 위해 국내최초 결제수수료가 없는 모바일 결제(제로 페이) 시스템 개발

① '국내최초', 국내최초의 R&D 기술

개발하는 제품이나 서비스를 '세계최초'라고 설득할 수 있다면 과제명에 '세계최초'라는 문구를 넣어라! 정부 R&D 지원사업은 가치 있고 성공가능성이 높은 기술을 지원하는 사업이다. 따라서 '세계최초'가 아니라면 적어도 '국내최초'는 되어야 한다. 만약 '국내최초'도 아닌 기술이라면 정부에서 왜 개발비를 지원해야 할까? 잘 생각해 보라. 창업을 했다면 개발하는 제품이나 서비스가 분명히 '국내최초'인 요소가 있다. 그것 때문에 창업한 것이고 그것 때문에 개발하고 있는 것이다. 만약 지금 개발하고 있는 제품이나 서비스에 차별화된 포인트가 없고 '국내최초'라는 점을 찾지 못했다면 정부지원사업에 신청하지 말라. 신청해봐야 탈락할 것이다.

단언하건데 새로운 제품을 개발하는 창업자라면 분명히 '국내최초'인 것이 있다. 그것이 원천기술이면 제일 좋고, 기술이 아니고 제품이나 서비스라도 상관없다. 무엇이든 '국내최초'인 것을 찾아야 한다. 그리고 과제명을 작성할 때 스스로를 믿고 '국내최초'라는 문구를 넣어라. 단, 평가과정에서 그 '국내최초'가 맞느냐의 대한 방어는 확실히 할 수 있어야 한다.

<과제명 예>에도 '국내최초'라는 문구가 있다. '결제수수료가 없는' 이 국내최초라는 것이다. 아니면 '결제수수료가 없는 모바일 결제 시스템' 전체가 국내최초라는 의미일 것이다.

② '~를 위해, ~를 위한, ~용(用)' 등 누구를 위한 제품(서비스)인지 특정

개발하는 것이 누구를 위한 제품인지 명시하는 것이 좋다. 그리고 그 타깃을 좁혀 특정하는 것이 좋다. 또한 비용을 지불할 수 있는 고객군을 특정할 수 있는 것도 괜찮다. 단, 굳이 '~용, ~위해'라고 하지 않아도 어떤 고객을 위한 것인지 확실히 알 수 있는 경우에는 생략해도 된다.

<과제명 예>에는 '중소상공인을 위해'라는 문구가 있다. 이 시스템이 '중소상공인'을 위한 시스템인 것이다. 참고로 정부에서는 '중소상공인', '장애인' 등 사회적 약자를 위해 문제를 해결하는 기술과 서비스를 우대하기도 한다.

③ 차별성 및 독창성을 표현하는 문구

'국내최초', '~를 위한' 등의 문구는 핵심 개발기술 내용을 꾸미는 문구다. 이 두 가지 문구로는 차별화를 설명할 수 없다. 차별성이나 독창성을 표현하는 문구를 추가해야 한다. 호기심을 갖게 하는 핵심 문구다. 자극적이어도 괜찮다. 개발하는 기술, 제품, 서비스가 왜 필요한지 확실히 알려주는 문구가 좋다. 새로운 기술을 개발하는 핵심 이유와 근거가 되는 문구이다. 그것이 제품을 개발하고 있는 이유이면서 창업한 이유일 것이다.

<과제명 예>에는 '결제수수료가 없는'이라고 되어있다. 중소상공인들에게 카드결제수수료는 늘 문제다. 그런데 '결제수수료가 없는' 시스템이라고 하면 '어떻게 결제수수료를 없앨까?'라는 호기심이 생긴다. 개발 목표와 내용, 과정에서 결제수수료를 없애는 기술과 방법이 제시될 것이다. 그것이 논리적이라면 정부지원사업의 대상이 되는 것은 당연한 것이다. 경우에 따라서는 '~기술 기반' 이런 문구도 차별성과 독창성을 보여줄 수 있다. 해당 기술이 신기술, 핵심기술이라는 가정하에 그 기술을 활용하여 응용제품이나 서비스, 시스템을 개발한다고 하면 평가위원은 조금 더 호의적으로 사업계획서를 평가할 것이다.

④ 제품(시스템, 플랫폼, 솔루션, 서비스 등)

마지막으로는 개발하는 제품군이다. 보통, ~제품, ~시스템, ~기술, ~솔루션, ~플랫폼, ~서비스 등으로 끝난다. 이것은 어렵지 않게 생각해 낼 수 있을 것이다.

<과제명 예>에는 '모바일 결제(제로 페이) 시스템'이라고 되어 있다.

'중소상공인을 위해 국내최초 결제수수료가 없는 모바일 결제(제로페이) 시스템 개발'은 과제명을 정하는 4가지 문구를 포함하고 있어 과제명을 쉽게 이해할 수 있다. 그뿐만 아니라 과제명을 통해서 궁금증과 호기심을 유발시켜 더 관심을 갖게 한다.

이 4가지 문구를 활용해 과제명을 정하고 시작하라. 과제명을 정하는데 너무 오래 고민할 필요도 없다. 사업계획서를 작성하다 바꾸고 싶다면 언제든지 바꾸면 된다.

■ 사업계획서 샘플-1페이지

오디오 콘텐츠 사업자를 위한 국내최초
이어폰연결음 기반의 네트워크형 오디오 광고 시스템 개발

1. 개발기술 개요 및 필요성

[개발기술의 개요] – 오디오 콘텐츠 서비스와 사업자를 위한 국내최초 이어폰연결음 기술
기반의 네트워크형 오디오 광고 시스템

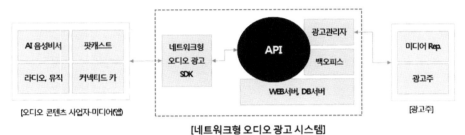

[그림] 네트워크형 오디오광고 시스템 개요도

수많은 앱이 광고수익을 위해 적용하는 있는 구글 Admob, 애플 iAD, 다음 Ad@m, 퓨쳐스트림
네트웍스 Cauly 등과 같은 모바일 배너 광고 SDK처럼 기존 오디오 콘텐츠 앱과 다양한 신규
오디오 서비스(AI음성비서, 카넥티드, 팟캐스트 등) 사업자를 위하여 오디오 서비스에 최적화된
오디오 광고를 자동으로 공급하는 국내최초의 "모바일 오디오 광고 시스템"

[기술개발의 배경] – AI기반 음성비서, 커넥티드카 등 오디오 플랫폼 서비스 확대 및 투자증가
① 최근 AI기반 음성비서 스피커 시장이 확대되면서 오디오 콘텐츠 서비스가 음성비서 OS, 커
넥티드카 시장 등에서 콘텐츠로서 활용가치 증가
② 오디오 콘텐츠를 소비할 수 있는 하드웨어적 시장이 마련됨에 따라 오디오 콘텐츠 부족현상
에 발생할 것으로 예상되고, 시장 성장 가능성이 매우 높음 (애플 시리, 구글나우/구글홈, 아
마존 에코, MS 코타나, SKT 누구, KT 기가지니 등)
③ 팟캐스트 서비스 시장 확대 오디오 콘텐츠 매체의 다양화 및 On-Demand 콘텐츠 급성장,
정부도, 대기업도 AI 음성비서 서비스 활성화에 투자확대 및 기업 간 협력요구
        (출처 : '네이버 오디오콘텐츠펀드 300억 원 투자 본격화' 2017-12-04, 이데일리)

[기술개발의 필요성] – 오디오 콘텐츠 사업자의 수익창출을 위해 광고 플랫폼 필수
① 국내에는 Network형 Digital Audio AD Tech 시스템 全無, 모바일 오디오 광고 시장 초기
태동 단계로 블루오션 시장 선점 필요
② 오디오 콘텐츠 관련 사업자들의 위해 수익화 시스템 필요
③ 해외 유력 오디오 콘텐츠 서비스 사업자들 오디오 광고 플랫폼 주목(Spotify, Adobe)

[그림] 개발기술 개요 및 필요성

■ 시장은 블루오션, 기술은 아직

　중소기업 기술개발 사업계획서 기본 양식은 9페이지로 되어 있는데, 표준 사업계획서 양식을 보면 '개발기술 개요 및 필요성' 부분이 반 페이지 정도 설명되어 있다. 중요도에 비하여 작성분량은 적다. 하지만 가장 중요한 부분으로 이 부분 작성에 1주일 이상을 투자해도 좋다. 반드시 이 페이지로 지원의 필요성을 인정받아야 한다.

① 개발기술의 개요 및 개요도

　[그림] 개발기술 개요 및 필요성 작성 예처럼 [개발기술의 개요]라고 쓰고 오른쪽에 과제명을 좀 더 구체적으로 써라. 과제명을 너무 길게 쓸 수 없어서 다 적지 못한 내용을 추가해서 과제명보다 조금 더 길게 작성하면 된다. 붉은색 볼드체로 가독성을 좋게 해라. 그리고 그 아래 개발 시스템 개요도를 넣어라. 개발하는 제품이나 서비스의 핵심을 설명할 수 있도록 명확하게 그려 넣어라. 제품구성도, 시스템 구성도, 서비스 플로 등을 그려도 된다. 그림은 화려할 필요가 없다. 단순하고 명료한 것이 낫다.

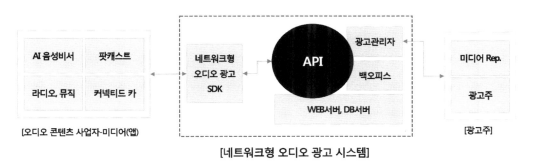

[그림] 개발 시스템 개요도 사례

개발하고자 하는 핵심시스템의 세부 개발내역을 나열하고, 시스템을 이용하는 고객을 표시하고 상호 간 어떻게 연결되는지 확인할 수 있는 정도면 충분하다. [그림] 개발 시스템 개요도는 '오디오 콘텐츠 사업자를 위한 국내최초 이어폰 연결음 기반의 네트워크형 모바일 오디오 광고 시스템' 개발사업의 내용이다. 과제명과 개요도가 매칭 되기 때문에 어떤 시스템을 개발하는지 쉽게 이해할 수 있다. 그리고 개요도 아래쪽에 3~4줄 설명 문구를 넣으면 된다. 개발하는 과제의 차별성과 독창성을 강조할 수 있는 내용이 들어가면 된다.

⊣ 부연설명 ⊢

사실 과제명에서 '오디오 콘텐츠 사업자를 위한'이라는 문구는 빼도 큰 지장이 없다. 이런 문구를 넣지 않더라도 과제명의 다른 부분에서 개발하는 시스템이 누구를 타깃으로 하는지 명확하게 알 수 있기 때문에 빠져도 된다. 이런 경우에는~위한 부분을 생략해도 상관없다.

---

② 기술개발의 배경 (기술과 시장)

[기술개발의 배경] - AI 기반 음성비서, 커넥티드 카 등 오디오 플랫폼 서비스 확대 및 투자증가

① **최근 AI 기반 음성비서 스피커 시장이 확대**되면서 오디오 콘텐츠 서비스가 음성비서 OS, 커넥티드 카 시장 등에서 콘텐츠로서 활용가치 증가

② 오디오 콘텐츠를 소비할 수 있는 하드웨어적 시장이 마련됨에 따라 **오디오 콘텐츠 부족현상이 발생할 것으로 예상되고, 시장 성장 가능성이 매우 높음**(애플 시리, 구글 나우/구글 홈, 아마존 에코, MS 코티나, SKT 누구, KT 기가 지니 등)

③ 팟캐스트 서비스 시장 확대 오디오 콘텐츠 매체의 다양화 및 On-Demand 콘텐츠 급성장, **정부도, 대기업도 AI 음성비서 서비스 활성화에 투자확대** 및 기업 간 협력요구

(출처 : '네이버 오디오콘텐츠펀드 300억 원 투자 본격화' 2017-12-04, 이데일리)

[그림] 기술개발의 배경 작성 사례

그 다음으로 [기술개발의 배경]을 붉은색 볼드체로 쓰고 우측에 간단하게 설명 문구를 넣는데 그 내용으로 기술트렌드와 시장규모에 대하여 언급하는 것이 좋다. 또한 기술적 배경이나 시장규모를 설명할 때, 수치로 나타내는 것이 좋고 그것에 대한 근거로 뉴스기사를 첨부하여 각주 등으로 설명하면 신뢰성을 확보할 수 있다. '기술개발의 배경'은 [그림] 기술개발의 배경 작성 예처럼 3~4가지 정도로 언급하는 것이 좋다.

③ 기술개발의 필요성 (지금까지는 없음, 시장방어, 선점, 해외진출)

[기술개발의 필요성] - 오디오 콘텐츠 사업자의 수익창출을 위해 광고 플랫폼 필수

① 국내에는 Network형 Digital **Audio AD Tech 시스템** 全無, 모바일 오디오 광고 시장 초기 태동 단계로 **블루오션 시장 선점 필요**
② 오디오 콘텐츠 관련 사업자들을 위해 수익화 시스템 필요
③ 해외 유력 오디오 콘텐츠 서비스 사업자들 오디오 광고 플랫폼 주목(Spotify, Adobe)

[그림] 기술개발의 필요성 작성 사례

마지막으로 [기술개발의 필요성]을 작성한다. 마찬가지로 붉은색 볼드체로 작성한다. 기술개발의 필요성에서는 첫 번째로 이 기술이나 서비스가 지금까지 국내에서는 없었던 것이라는 것을 강조해야 한다. 기술개발의 배경에서 해당 기술이 전망이 좋고 시장이 크다고 설명을 했는데 현재 우리나라에는 지금 기술이나 서비스가 존재하지 않기 때문에 개발이 필요하다고 설명해야 한다. 두 번째는 소비자나 생산자 또는 정부차원의 요구가 있다는 것을 강조해야 한다. 가격이 저렴하거나 서비스의 품질이 좋거나 그동안의 문제점을 해결하는 솔루션임을 강조해야 한다. 또 개발하는 방향이 정부정책과 부합됨을 설명해야 할 것이다. 마지막으로는 해외에서 유사한 솔루션이 출시되기 시작했기

때문에 국내시장을 방어하고 해외진출을 위해서 기술개발이 필요하다고 설명하면 된다.

개발기술의 개요는 제품과 서비스의 정의에 해당하니 그것은 스스로 찾아내야 한다. 그 정의에 따라 기술개발의 배경 및 필요성을 정리하기 위해서 검색사이트를 통해서 시장조사를 해야 한다. 나 같은 경우 사업계획서를 본격적으로 작성하기 전에 검색사이트에서 자료조사만 5일 정도 진행하고 이후에도 지속적으로 시장조사를 하고 자료를 확보하고 비교한다. 사업계획서를 작성하는 중에도 수시로 최신자료를 찾아 모아 놓는다. 그렇게 자료를 모으면서 읽다보면 기술개발의 배경과 필요성이 머릿속에 그려진다. 자료는 또 사업화 계획 부분을 작성할 때 매우 유용하게 활용된다.

개발기술의 독창성 및 차별성 작성방법

'개발기술의 독창성 및 차별성' 구성	
1. 중요도	★★★★★ (매우 중요)
2. 페이지	2~3페이지 (분량 1페이지)
3. 세부항목	1) 기존 서비스/기술 현황 2) 기존 서비스/기술의 문제점 3) 해결방안 (그림 포함) 4) 개발기술의 차별성 및 독창성 (표 포함)

개발기술의 독창성 및 차별성 부분은 전체 사업계획서 부분 중에서 개발기술의 개요 및 필요성 다음으로 중요한 부분이다. 사업계획서에서 개발기술의 독창성 및 차별성까지 만족스럽게 작성했다면 90% 이상 합격이라 할 수 있다.

이 부분은 [그림]과 같이 2페이지로 구성하여 작성한다. 먼저 기존 서비스나 기술의 현황과 문제점을 나열하고 해결방안을 제시한다. 그리고 해결방안을 실현하기 위해 개발하는 시스템을 설명하고 그 시스템의 독창성 및 차별성을 설명하는 것으로 끝맺는다.

이 부분은 특히 대면평가 발표할 때 핵심이 되는 부분이다. 대면평가에서는 개발기술의 독창성 및 차별성 부분에 작성한 내용을 가장 중요하게 설명해야 한다. 발표시간의 대부분을 이 부분을 설명하는데 할애해도 된다. 대면평가의 방법과 요령에 대해서는 제4장에서 구체적으로 설명한다.

■ 사업계획서 샘플-2페이지

2. 개발기술의 독창성 및 차별성

[기존 서비스/기술의 현황] - 여행단품상품 증가에 비하여 공급자와 소비자 만족도 떨어짐
여행자 스스로 온라인을 통해 항공권, 숙박권을 직접 구매하여 여행하는 FIT(Free Independent Tour)가 해외여행 트랜드의 중심(국내 비중 60% 이상)이 되고 있으며 이에 따라 아고다, 스카이스캐너, 에어비앤비와 같은 글로벌 여행 플랫폼이 급성장. 국내외 개별자유여행객(FIT) 증가에 따라 여행단품상품의 판매가 증가하고 있음.

하지만 여행단품상품은 ①대형여행사의 독과점적 벌크구매와 패키지중심의 불투명한 유통구조 때문에 상품공급자인 ②해외랜드사는 낮은 마진과 환차손 리스크로 인한 손해, ③소비자들은 높은 가격과 다양하지 못한 상품군으로 만족도가 떨어지는 문제가 지속 발생.

[기존 서비스의 문제점]
주로 교민이 운영하는 해외랜드사가 여행단품상품을 국내시장에 판매하고자 할 때는 판매채널을 개별적으로 확보할 수 없어, 국내 대형여행사에 낮은 단가로 턴키계약을 하여 상품을 공급해야 하고 그 이후 모든 판매는 대형여행사가 관리함. 이때, ①대형 여행사의 독과점으로 낮은 단가에 공급해야 하며②정산주기가 길고, 환차손 리스크는 모두 해외랜드사의 부담이며 장기판매 계약으로 마케팅적 현장상황 반영이 어려움.

[그림] 패키지, 벌크 중심 유통 구조의 한계_여행단품이 대형여행사를 통해 독과점형태로 유통

① 낮은 단가에 불리한 조건으로 대형 여행사와 판매 계약
해외랜드사가 여행단품상품을 판매하기 위해서는 기존 국내 대형여행사에 수익마진율을 감수하면서 대량 납품계약을 맺어 판매하는 방식을 택하고 대형여행사와 '갑을' 관계로 거래를 진행함.

② 환차손 리스크가 크고 유연한 상품판매가 불가
현재 시장구조에서 환율이 변동되면 상품공급가 보다 더 적은 판매금액을 수수료 받는 경우도 빈번히 발생함. 대형여행사는 자체판매채널 및 오픈마켓 등에서 상품을 등록하여 판매를 하지만, 상품변동사항이 있더라도 운영비용(운영인력)의 증가 때문에 수시로 변경처리 해주지 않고 2~3개월 변동없이 상품이 판매되어 현지에서의 시장사정에 따른 피해는 해외랜드사가 100% 감당

[그림] 개발기술의 독창성 및 차별성 현황 및 문제점

■ 시장 확대 그리고 관심 증가

1페이지 상단에는 [기존 서비스/기술의 현황]을 설명한다. 이 부분은 문제점이 많아 꼭 해결해야 한다는 것을 강조하기 위해 바람잡이 역할을 하는 부분이다. 기존 기술에 대해 3가지 특징을 제시하고 그림이나 표로 부연 설명한다. 예를 들어 3가지 항목으로 구분하여 기존 기술을 설명한다면 아래와 같은 순서로 나열하면 좋다.

· (관련기술 분야 진출/투자 확대) 1~2년 전부터 관련기술에 대한 중요성이 부각되면서 관련기업들이 사업에 진출한다.
· (도입기 & 선두기업 경쟁) 그런데 어떠한 문제로 인하여 아직까지는 비활성화되어 있다. 그중에서 어느 기술이 어떠한 이유로 앞서가고 있다.
· (소비자 니즈가 발생하기 시작) 마지막으로 소비자 입장에서 이 기술을 응용한 제품이나 서비스에 관심이 높아지고 있다. 그래서 도입 검토가 활발히 이뤄지고 있다.

이렇게 3가지 항목으로 관련기술 현황을 제시한다. 되도록 알기 쉬운 유명한 사례를 그림이나 표를 활용하여 보여준다. 관련 기술/서비스의 중요성이 높아지고 있으며 지속적으로 개발할 가치가 있다고 설명하는 것이 중요하다.

관련기술 자료를 찾기 위해 Google에서는 보고서를, NAVER와 Daum에서는 뉴스기사를 검색한다. 관련기술 자료는 사업을 추진하면서 직접 모아놓은 자료가 있을 것이다. 그것을 활용하면 되는데 최신 자료가 아닐 수 있으니 사업계획서를 쓰기 시작할 때 다시 최신 정보로 업데이트해야 한다. Google에서는 관련기술 보고서나 통계 데이터를 찾을 때 유용하다. 특히 키워드 검색으로 PDF나 PPT 등 문서로 된 보고서 파일을 찾아내면 다운로드하여 별도로 보관해라. 기술의 배경, 문제점, 정부정책과 관련된 근거자료가 되고 시장조사 출처자료로 유용하게 쓰인다. NAVER나 Daum에서는 주로 뉴스를 검색한다. 기사 검색 후 쓸 만한 기사는 별도 폴더나 엑셀파일을 만들어 기사제목, URL, 기사배포일, 발행처 등을 기록해 놓고 근거자료 출처 등으로 활용해야 한다.

■ 기존 기술의 문제와 심각성

1페이지 하단에서 [기존 기술/서비스의 문제점]을 설명한다. 앞서 관련 기술의 현황을 분석해 앞으로 발전가능성이 있지만 문제도 있다고 서술했다. 여기까지는 웬만한 평가위원이면 관련분야 연구 및 뉴스 등을 통해 대략 이해할 수 있는 개괄적인 부분이다. 이 부분에서는 문제의 심각성을 구체화하고 더 부각시킨다. 이 부분을 읽고 '문제가 정말 심각하네.'라고 생각하게 만들어야 한다.

[기존의 문제점] 모바일 광고 효과가 줄어들고 있고 모바일 오디오 광고 솔루션 아예 없음.

① 국내 모바일 광고시장은 2020년 내 2조 원대로 성장한다고 예측되는데 동영상 광고가 성장하면서 혜택을 보는 것이지 **정작 모바일에 특화된 새로운 모바일 광고 솔루션 없음.**
② 모바일 광고의 치열한 경쟁으로 광고 사업자의 수익성이 악화되고 매체사 광고 피로도가 증가하고 광고 효과가 떨어지고, 다시 **광고 수익이 떨어지는 악순환이 반복**되고 있음.
③ **포털중심으로 광고수익이 집중되고 있고 레드오션 시장**임. 팟캐스트, AI 음성비서 서비스 확대되는데 모바일에서 오디오 광고 솔루션에 대한 분석조차 이루어지지 않고 있음.

[그림] 기존 서비스의 문제점 작성 사례

① 문제점은 이미 알고 있고 근거가 필요할 뿐

사업계획서를 작성할 때 문제점을 정의하는 것은 어려운 것이 아니다. 그 문제를 해결하기 위해 지금, 개발하고 있는 것이다. 중요한 것은 문제점의 심각성에 대한 논리적 근거를 찾아서 증명하는 것이다. 문제점은 최대한 부각되어야 한다. 문제점의 최대치를 표현해야 한다. 예를 들어 기존 기술의 도입비용이 100~1,000만 원 정도이고 평균으로는 200만 원으로 알려져 있다면 '기존 기술은 최대 1,000만 원 이상 고가'라는 식으로 문제점의 최대치를 표현해야 한다. 수치로 표현하면 더 이해가 빠르다. 그리고 표나 그림을 통해서 문제점의 상세한 내용을 보여준다. 문제가 많을수록 좋다. 기존 제품이나 서비스를 이용하는 소비자 측면, 공급자 측면, 중계자 측면 등 모든 관계자의 문제점을 나열하여 문제가 심각하다는 것을 알려야 한다. 문제점을 부연 설명할 때 자료출처로 뉴스기사나 보고서의 제목을 표기하면 신뢰도가 높아진다.

② 시장, 서비스의 문제점을 제시

'내가 개발하는 솔루션은 기존 기술의 문제점을 개선하는 것이 아닌데, 난 세상에 없는 전혀 새로운 개념의 제품을 개발하는데...'라고 생각하는 경우도 많다. 완전히 새로운 제품, 서비스인 경우에는 비교 대상 제품이나 기술이 없고 그 범위가 넓어지면서 기술적인 문제점을 특정하기 어렵게 된다. 이럴 때에는 관련기술의 시장에 대한 문제점을 제시하면 풀어나가기 좋다. 기존 시장에는 이런 제품이 없어서 시장이 성장하지 못했는데 이 제품이 개발된다면 시장이 몇 배 이상 커질 수 있다는 식으로 논리를 전개할 수 있다. 예를 들어 초기 배달 앱의 경우를 보면 기술적으로는 비교할 대상이 없었다. 하지만 종이전단지 시장을 대체하는 혁신적인 서비스였다. 중소상공인들이 전단지 제작과 배포를 위해 많은 비용을 지출하고 있고 그렇게 지출하면서도 홍보효과를 측정할 수 없었던 것이 종이전단지 시장의 문제였다. 기술적인 문제라기보다는 기존 시장 자체의 문제였다. 이런 경우 시장의 문제점을 제시하면 이해하기 쉽다.

■ 사업계획서 샘플-3페이지

[해결방안] - 여행단품상품 글로벌 직거래 시스템 개발

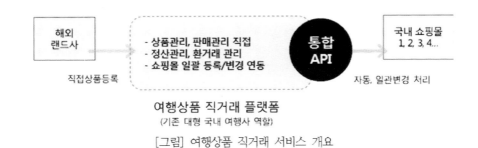

[그림] 여행상품 직거래 서비스 개요

본 시스템은 ①해외랜드사가 직접 자유롭게 상품을 등록할 수 있어 가격을 직접 결정하며 ②실시간 환율정보에 따라 매일 상품가격이 자동 변경되어 판매되며 ③그에 따라 환차손 리스크가 헷징되고 ④단기간 상품공급을 자유롭게 할 수 있어 마케팅/프로모션이 용이하고 ⑤4개국어 멀티채널로 판매가 가능하여 ⑥수익률을 극대화시킬 수 있음.

[개발기술의 차별성 및 독창성]
오픈마켓 판매하는 여행단품상품 전용 통합솔루션으로는 최초의 솔루션이며, 실시간 환율반영을 통한 가격, 상품정보 자동변경 처리 및 오픈마켓/쇼핑몰 자동 업데이트라는 차별적 특징 보유.

순번	구분	내용
①	실시간 환율반영	기존 여행단품의 경우 판매채널에 한번 등록하면 정보변경에 대한 운영이슈가 너무 빈번하여 판매 종료될때까지 동일한 가격으로만 판매처리해 오고 있으며, 이 때문에 매일변동되는 환율정보를 반영 하지 못해, 환차손 피해가 발생하는 경우가 많음. 여행단품 상품에 대해서 환율정보를 기반으로 하여 여행단품상품 통합 관리 DB에 반영하고, 여러 멀티채널에 배포된 여행단품 가격을 자동으로 변경시켜 판매토록 하는 시스템으로 해외 랜드사등 여행단품 판매사업자의 환차손 리스크를 최소화할 수 있는 시스템.
②	멀티채널 상품등록/변경 자동 업데이트 시스템	기존 여행단품을 멀티채널에 등록하여 판매할 때는 채널에서 제공하는 상품등록양식에 따라 일일이 등록해야 하거나 개별 API를 받아 개별적으로 등록하여 업무량이 많고 운영비용이 많이 들었음. 본 시스템은 여행단품분야에 있어 여러판매채널과 연동되는 API를 통합관리하는 별도의 API를 개발하여, 한번의 수정으로 모든 판매채널에 여행단품 정보가 실시간으로 자동으로 변경 처리할 수 있는 시스템을 지원함. 이를 통해 운영비용을 대폭 절감할 수 있으며 더 많은 판매채널을 확보하여 매출 증가에 기여.
③	국내/해외 판매통합 시스템	시스템은 기본적으로 4개국언어를 지원하며, 소비자는 자신에게 유리한 환율이 적용된 가격으로, 자신이 선택한 언어로, 자신의 원하는 결제수단으로 상품을 결제할 수 있도록 하여 국내에서는 주로 외국인을 대상으로, 해외에서는 국내 여행객을 대상으로 상품을 판매할 수 있도록 통합지원하는 시스템.

[표] 개발 시스템의 차별적 특징

[그림] 개발기술 독창성 및 차별성 해결방안, 차별성, 독창성

■ 해결방안은 '내 아이디어가 최고'

　해결방안은 현재 개발하고 있는 기술, 제품, 시스템, 서비스다. 해결방안에 대한 요약은 개발기술의 개요 부분에서 이미 설명했다. 개발기술의 개요 부분에서 설명한 기술, 제품, 시스템, 서비스에 대해 조금 더 상세하게 개발할 세부시스템 및 기술내용을 제시하면 된다. [해결방안]은 붉은색 볼드체로 쓰고, 우측에 해결방안을 간략하게 설명한다. '～ 기술을 기반으로 하여～이 가능한 제품/서비스/시스템을 개발하여 공급함' 정도로 설명할 수 있다. 그리고 ①②③ 등 번호를 달아 주요 세부시스템을 정의하고 그 세부시스템 서비스 플로우나 핵심기능을 설명한다. 이때 그림으로 표시하면 이해하는데 도움이 된다. 관련한 세부기술/시스템은 3가지 정도로 구성한다. 그리고 해결방안으로 제시한 세부기술 및 시스템은 사업계획서 4.2개발내용에서 그대로 활용한다.

　사업계획서 양식에서는 차별성, 독창성, 우수성 등을 구분해서 작성요령을 설명하고 있지만 이 3가지를 구분해서 설명할 필요는 없다. 장점이라고 생각하고 설명하면 된다. 예를 들어 차별성 및 독창성을 설명하기 위해서 아래와 같이 가로 3칸, 세로 4～5칸으로 [표]를 만들어 기존기술(서비스)과 새로 개발하는 기술(서비스)을 비교하여 보여준다. 오른쪽 칸을 개발기술의 특징으로 표시하고 붉은색 볼드체로 작성한다. 기존기술은 '～이 한계가 있고, 시장이 작고, 비용이 비싸고, 이용률이 떨어지고, 서비스가 불가하고' 등 부정적인 문구로 작성을 하고 당사기술은 '국내 최초적용, ～4차 산업기술 적용, 비용이 낮고, 시장이 크고, ～이 가능하고, 이용가능성이 높다'라는 식으로 작성하여 차별성과 독창성을 설명한다. 이때 특허가 출원되었거나 등록되어 있다면 특허명세서의 내용을 바탕으로 기술적 차별성, 독창성, 우수성을 표현할 수도 있다.

[표] 개발기술의 독창성 및 차별성 작성 표 형식 1

구분	기존기술	당사기술(차별성 및 독창성)
항목 1	~이 어려운 한계	**국내최초 기술적용**
항목 2	~ 비용이 높음	**~ 비용이 % 낮아짐**
항목 3	~ 불가함	**~ 가능함**
항목 4	이용률이 떨어짐	**이용가능성이 높음**

[표] 개발기술의 독창성 및 차별성 작성 표 형식 2

구분	차별성 및 독창성
항목 1	
항목 2	
항목 3	

제4절

기술개발 준비현황 작성방법

'기술개발 준비 현황' 구성	
1. 중요도	선행연구 결과 및 애로사항 ★★ 지식재산권 확보·회피방안 ★★★ 기술유출 방지대책 ★
2. 페이지	4페이지 (분량 1페이지)
3. 세부항목	1) 선행기술개발 내용 2) 애로사항 및 해결방안 3) 특허출원/등록 내용 (특허명세서 포함) 4) 기술유출 방지대책

사업계획서 양식 3번째 항목인 기술개발 준비현황은 사업계획서 전체 구성에서 중요도는 10% 이하다. 다만 이 부분에서 특허출원 및 등록과 관련된 지식재산권 확보·회피방안은 중요하게 작성해야 한다. 기술개발 준비현황은 1페이지만 작성하면 된다.

■ 사업계획서 샘플-4페이지

3. 기술개발 준비현황

3.1 선행연구 결과 및 애로사항
정리된 아이디어를 바탕으로 <u>기획/설계에 착수하였으면 현재 20% 진척되었음.</u>

순번	선행 연구 결과
①	플랫폼의 시스템구성도 및 메뉴 설계 완료, App의 개념 정의 및 디자인 작업 진행
②	핵심기술 저작권 확보 및 특허 출원
③	국내 OTA사업자들의 오프라인마케팅 대행을 통한 고객/협력사 확보

〈애로사항 해결방안〉 현재 개발인력을 확보하고 있으나, 서버시스템, 어플리케이션 개발에 추가적으로 3명 내외의 개발경험을 확보한 인력채용 필요하여 청년채용지원정책 활용하여 채용중.

3.2 지식재산권 확보·회피 방안
시스템 개발과 관련한 핵심 기술사항을 선행연구를 통해 최근 특허출원 완료하였음.

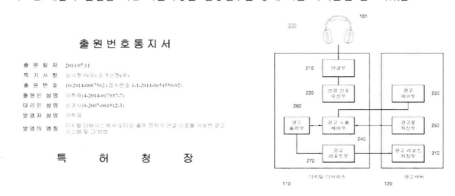

〈표〉 개발대상 기술(제품, 서비스 등) 관련 지식재산권

지식재산권명	지식재산권출원인	출원국/출원번호
① 디지털 디바이스에서 오디오 출력장치의 연결신호를 이용한 광고 시스템 및 그 방법	이혁재	한국/10-2014-0087562

3.3 기술유출 방지대책
당사는 대기업 등의 상용서비스를 개발하고 운영한 경험이 풍부하고 반기별로 기술유출방지 및 정보보안관련 심사를 자체적으로 점검을 진행하고 있고, 관계회사들로부터 강력한 점검을 함께 받고 있어 확실하게 정보보안 및 기술유출 방지를 진행하고 있음.

구분	내용
보안관리체계확립	보안관리규정제정, 정보관리조직구성, 정기보안교육(반기1회), 사고방지대책수립
참여연구원관리	보안서약서 작성
연구개발내용결과관리	연구자료성과물 무단유출방지, 보안성검토방법수립, 기술이전관련내부규정마련
연구시설관리	연구시설 관리지침 수립, 보안장비설치, 보안구역지정
정보통신망보안관리	보안관리책임자 및 승인규정, 데이터백업(일,주,월), 개인정보통신장비인가/관리

[그림] 기술개발 준비현황

■ 개발 진척도 20%, 기술적 애로사항 없음

선행연구결과의 핵심은 초기 개발정도의 표시다. 기획, 분석, 설계, 디자인, 구현, 테스트 순으로 개발이 진행되는데 사업계획서를 작성하는 것 자체만으로도 이미 기획은 시작된 것이다. 그것만으로도 10%는 개발이 진척된 것이나 다름없다. 따라서 선행연구결과 부분을 작성할 때 20% 정도 개발이 진행 중이라고 해도 거짓이 아니다. 개발된 상황을 몇%로 표현하고 내용을 설명해야 한다. 그런데 초기 개발이 20%를 초과했다고 하면 평가위원은 과제가 이미 많이 개발되었다고 보고 지원을 하지 않거나 축소하려 할 것이다. 만약 50% 이상 개발했다고 하면 지원해줘야 할 이유가 없다. 개발이 완성된 프로젝트에는 정부지원을 하면 안 된다.

따라서 선행연구결과는 최대 20% 정도로 초기 개발이 진행되었다고 작성해라. 그리고 선행연구결과의 구체적인 내용을 ①②③ 숫자를 표기해서 설명해라. 중요한 3가지까지만 작성하라. 설문조사, 알파테스트 등도 선행 연구결과라고 할 수 있으니 객관적으로 증명할 수 있다면 그 결과를 제시하는 것도 좋다.

사실 애로사항을 제대로 적으면 한두 가지가 아니다. 자금, 인력, 기술, 마케팅, 디자인 등 초기기업에는 모든 것이 애로사항이다. 애로사항을 적을 때는 개발관련해서는 적지 마라. 개발을 지원하는 사업이기 때문에 개발에 애로사항이 있다면 기술력을 의심받을 수 있으니 굳이 적어봐야 마이너스 요소다. 애로사항을 주로 사업성과 관련된 내용을 적어라. 베타테스터 모집, 마케팅 인력 부족 등 주로 개발이 완료되었을 때 사업성평가측면의 어려움을 적는 것이 낫다. 예를 들어 '베타테스터 확보를 위해 누구누구에게 사업제안을 추진 중이며 현재 어느 정도까지 긍정적인 답변을 받았다지만 시간이 좀 더 소요될 것이다'라는 내용으로 극복방안을 전개하면 양호하다. 특히 '베타테스터 대상으로 2곳과 협상을 진행 중이다.'라는 식으로 쓴다고 하면 더욱 어필할 수 있을 것이다. 초기기업이라면 분명히 개발제품 관련해서 수요처나 제휴처와 한두 번은 미팅을 했을 것이기 때문에 해결방안으로 그런 내용을 써도 된다.

■ 내 지식재산권만 강조

지식재산권 확보·회피 방안은 평가위원이 반드시 검토하는 매우 중요한 항목이다. 이 부분의 취지는 개발하는 기술이 향후 어떻게 보호받을 것이며, 어떻게 선행기술을 회피하여 지속적으로 사업영위가 가능한지 증명하는 것이다. 기술개발을 열심히 했는데 선행기술과 충돌하여 쓸모없게 된다면 정부가 지원한 것은 실패나 마찬가지다.

이 부분을 작성하기 위해서 반드시 필요한 것이 있다. '특허'다. 개발기술 관련해서 등록된 특허가 있으면 제일 좋고 그렇지 않으면 특허출원이라도 해야 한다. 특허가 없다면 정부지원사업에는 무조건 탈락이다. 명심하라.

① 정식으로 특허출원했다면 선행기술 회피방안 작성

정식으로 특허출원하면 변리사가 선행특허조사를 하고 결과도 보고한다. 특허출원 비용이 보통 120~150만 원인데 선행특허조사비용이 포함되어 있다. 따라서 특허출원을 했다면 선행기술 회피방안을 작성하고 출원(등록)한 특허의 핵심 내용을 기술하면 된다. 변리사의 선행특허 조사보고서에는 선행특허와의 차별점이 요약되어 있는데 그 내용을 선행기술 회피방법으로 활용하면 된다.

　　사업계획서에 출원한 주요 특허내용에 대해 [그림]과 같이 표를 만들어서 구체적으로 보여주는 것이 효과적이다. 좌측에는 특허출원통지서 내용과 특허출원명세서 처음부분을 이미지로 캡쳐하여 붙여넣기를 한다. 그리고 우측에는 특허대표도를 붙여 넣거나 출원한 특허의 핵심내용을 기술한다. 확실히 신뢰감을 줄 수 있고 기술의 차별성과 독창성 부분의 점수에도 플러스 요인이 될 수 있다.

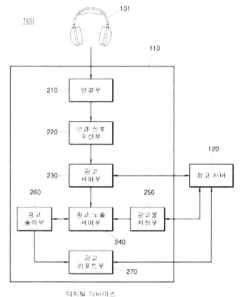

[그림] 특허출원 내용을 사업계획서에 포함하여 작성한 샘플

② 특허출원할 비용이나 시간이 없는 경우 '특허예비출원'을 활용

특허예비출원 관련해서 합격하는 필수조건에서도 설명했지만 중요한 내용이기에 다시 한번 설명한다. 특허출원 비용은 최소 120만 원을 넘는데다 기간도 1~2개월 정도 소요된다. 변리사와 회의를 통해 아이디어를 정리하고 변리사는 선행특허를 조사한다. 선행특허를 회피할 수 있으면 특허출원명세서 작성하고 특허출원한다. 정부지원사업의 신청마감이 1개월 정도 남았다면 특허출원할 시간이 부족하다. 하지만 아이디어 권리를 최대한 빨리 확보하고 싶을 때 활용하는 것이 특허예비출원제도다.

특허예비출원은 정식으로 특허출원 하기 전에 단순 아이디어만으로 청구항 없이 출원하는 것이다. 특허예비출원 후 1년 이내에 정식특허를 출원해야만 효력이 발생된다. 비용은 30~40만 원 수준이고 아이디어만 변리사에게 전달하면 보통 1주일 이내에 완료된다. 정식으로 특허출원번호가 발급되고 정식 특허출원 시 출원일자도 소급 적용된다.

초기기업에 권장하고 싶은 특허출원방식이다. 개발을 하다보면 세부 개발내용이 바뀌는 경우도 많고 1년 동안 개발해보니 잘못 판단하여 잘 안 되는 경우도 발생한다. 개발하면서 특허출원내용을 다시 정리하기 때문에 더 견고한 특허출원이 가능하고 나중에 개발내용이 가치 없다고 판단되면 특허출원을 포기할 수도 있다. 상대적으로 저렴한 비용으로 1년간 유예기간을 가질 수 있어 권장할 만하다.

③ 상표권, 실용신안권, 디자인권뿐만 아니라 저작권도 모두 표기하라!

'지식재산권 확보·회피방안'의 <표>개발대상 기술(제품, 서비스)관련 지식재산권에는 '지식재산권명'이라고 명시되어 있다. 지식재산권은 특허뿐만 아니라 상표권, 실용신안, 디자인권도 해당된다. 프로그램저작권은 지식재산권이 아닌 지적재산권에 포함된다. 그런데 여기서는 지식재산권과 지적재산권을 구분하지 마라. 상표권, 디자인권, 실용신안권, 프로그램저작권이 있다면 모두 표기한다. 특히 프로그램저작권을 많이 포함하는 것이 좋다. 프로그램저작권은 등록비용이 6만 원 정도하는데 개발한 프로그램이 있다면 프로그램저작권을 등록해야 한다. 물론 개발하는 과제와 관련이 있으면 더욱 좋다. 과제를 개발할 수 있는 능력과 경험을 보여줄 수 있어 유리하다.

④ 다른 회사의 지식재산권은 적지 말고 우리 지식재산권만 적어라!

<표>개발대상 기술(제품, 서비스)관련 지식재산권 하단에 '*본 기술/제품과 직접적 경쟁관계에 있거나 선행특허에 해당되는 국내·외 기관기업의 지식재산권 관련내용을 기입'이라고 설명되어 있다. 하지만 <표>에는 경쟁회사 등 타 기업의 지식재산권은 쓰지 마라. 꼭 우리 것만 써라. 혹시 참여기관이 있다면 참여기관 것은 상관없다. 우리 특허도 제대로 설명하기 부족한데 경쟁회사 특허내용까지 설명할 필요가 없다. 혹시 선행특허조사에서 몇 가지 다른 기업의 특허가 조사되었다고 하더라도 <표>에는 넣지 마라.

지식재산권명	지식재산권출원인	출원국/출원번호
① 디지털 디바이스에서 오디오 출력장치의 연결신호를 이용한 광고 시스템 및 그 방법	이혁재	한국 /10-2014-0087562
② 리소스 활용 프로그램의 우선순위를 결정하는 시스템 및 방법	이혁재	한국 /10-2015-0127041
③ 오디오 출력 장치의 연결 신호를 이용한 개인맞춤형 소셜 콘텐츠 배포 시스템 및 그 방법	이혁재	한국 /10-2015-0128229
④ ADVERTISEMENT SYSTEM USING CONNECTION SIGNAL OF AUDIO OUTPUT DEVICE IN DIGITAL DEVICE AND METHOD FOR THE SAME	이혁재	PCT/KR2015/005391
⑤ 이어링 에스디케이 (프로그램저작권)	이혁재	한국/C-2015-016451
⑥ 모바일 네이티브 오디오 방송 광고 플랫폼 (SW자산)	이혁재	한국/ASSET_0003117

[그림] 지식재산권 및 지적재산권 작성 사례

끝으로 기술유출 방지대책의 작성이다. 이 부분은 별로 중요하지 않다. 회사에서 R&D관련 자료, 기자재, 산출물을 어떻게 보호할 것인지에 대해 작성하는 부분이다. 그런데 그런 방법도 막상 인터넷에 찾아보면 없을 것이다. 예시에 작성한 기본 포맷으로 활용하길 바란다. 내용을 확인하고 기업 현황에 맞게 수정·편집하여 작성해라. 거짓을 쓰면 안 된다. 현장실사가 나올 때 확인 항목에 '보안대책'과 관련한 사항이 있고 그것에 대해 증빙을 제시해야 한다. 만약 그것이 거짓이라면 현장평가 점수에 반영이 될 것이다.

┤ 부연설명 ├

프로그램저작권 등록 : 한국저작권위원회(https://www.cros.or.kr)에서 간편하게 프로그램 등 저작권을 등록할 수 있다. 등록비용은 6만 원 내외다. 등록기간은 1주일 정도 소요된다.

기술개발 목표 및 내용 작성방법

'기술개발 목표 및 내용' 구성	
1. 중요도	기술개발 최종목표 ★★★★ 기술개발의 내용 ★★ 주관기관별 업무분장 ★ 세부추진일정 ★
2. 페이지	기술개발 최종목표 5~6페이지 (분량 2페이지) 기술개발의 내용 7~9페이지 (분량 3페이지) 수행기관별 업무분장 10페이지 (분량 0.5페이지) 세부추진일정 10페이지 (분량 0.5페이지)
3. 세부항목	기술개발 최종목표 1) 제품/시스템 구성도 2) 개발 세부목표 3가지 기술개발의 내용 1) 개발 세부목표 상세내역 1 2) 개발 세부목표 상세내역 2 3) 개발 세부목표 상세내역 3 수행기관별 업무분장 세부추진일정

기술개발 최종목표는 이미 개발기술 개요 및 필요성, 차별성 및 독창성 부분에서 충분히 설명했다. 기존에 설명했던 기술개발 개요를 세부개발 내역별로 분류하고 정리하는 과정이라고 생각하면 된다. 기술개발 최종목표는 1페이지로 작성한다. 기술개발 최종목표는 과제명과 동일해도 무방하다. 예시처럼 최종목표 시스템을 제시하고 세부시스템 내용을 설명하면 된다. 세부시스템도 3가지로 정하면 된다. 세부시

스템으로 나누기 어려울 때는 개발기술 개요도에서 보여줬던 것을 좀 더 상세하게 설명하면 되고 경우에 따라서 시스템 구성도 없이 바로 세부시스템을 설명해도 된다.

성능지표 목표 및 측정방법은 기술개발 목표에서 가장 중요한 부분이다. 평가위원이 정독해서 읽는 부분이며 평가의견을 작성할 때 다른 것은 몰라도 성능지표 목표에 대한 의견은 반드시 작성한다. 개발완료하고 성공인지 실패인지 확인하는 방법을 측정할 수 있는 수치로 제시해야 하고 그 측정방법의 합리성을 인정받아야만 한다.

기술개발 내용은 세부시스템에 대한 플로우차트, 특허내용, 디자인(UX, UI) 기획안, 알고리즘 등을 활용하여 개발내용을 상세하게 설명하면 된다. 2페이지가 적당한데 많아도 3페이지까지만 작성해라. 많아봐야 제대로 읽어볼 수도 없다. 끝으로 수행기관별 업무분장부분은 4.1기술개발 최종목표에 제시한 내용을 그대로 참여기관별로 구분해서 써넣으면 된다. 세부추진일정도 기술개발 최종목표에 제시한 세부내용을 순서대로 정리하면 된다.

■ 사업계획서 샘플-5페이지

4. 기술개발 목표 및 내용

4.1 기술개발 최종목표

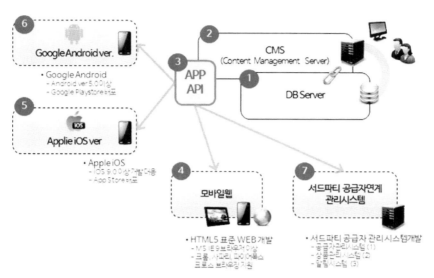

[그림] 외국인 여행객을 위한 앱 서비스 시스템 구성

1) Third Party OTA 시스템 Interface 구축
① Open API 및 Third Party 자체 API 분석을 통한 외부 OTA 플랫폼 연동 Interface 구축 (교통, 통신, 숙박, 관광지, 액티비티 정보 지원)
② 교통 정보 제공 및 공항철도, KTX, 티머니 등 교통 이용권, 선불 SIM, 스마트폰 임대, LTE 라우터 대여 정보 제공 및 판매, 주요호텔, 투어, 관광지입장권, 공연, Activity 정보 관광에 필요한 정부차원의 관광 홍보서비스 플랫폼과 연동할 수 있는 interface 구축
③ 기존 시스템의 function별 mobilization : 구매 신청, 결제조회 모바일 서비스 개발

2) Third Party 마케팅 프로모션, 광고관리 Back-office 시스템 구축
① 모바일 할인쿠폰, 모바일 브로슈어 등 Third Party 마케팅 상품 등록 관리 시스템 구축
② Third Party Application 소개/홍보/광고를 위한 관리 시스템 구축
  – 예, 지하철노선도 App, 변역 App, 모바일 concierge App, 메뉴판 App 등
③ IE11/Chrome 기반의 GUI기반 시스템 구축

3) 최신 레퍼런스 폰에 적합한 Android & iOS App 개발
① 4개 국어 지원 : 한국어, 영어, 일본어, 중국어 4개 국어 개발
② Android & iOS 지원, hybrid App으로 개발 (proguard 기법적용)
③ 정보제공 Push 서비스, 동일 언어 간 커뮤니티 서비스

[그림] 기술개발 최종목표 샘플 1

4. 기술개발 목표 및 내용

4.1 기술개발 최종목표

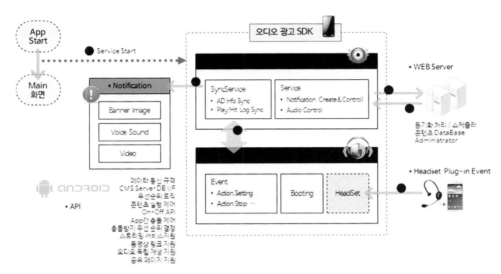

[그림] 개발 시스템 구성도

(1) 시스템 및 서비스 프로세스 개발
① 오디오 서비스 매체사와 시스템 간 서비스 플로우 개발
② 광고주와 시스템 간 서비스 플로우 개발
③ 오디오 광고 청취 시 Push메시지가 함께 제공되는 광고 상품개발

(2) SDK 개발
① SDK 규격서, 리소스파일 개발
② API Sync 기능 (광고리스트, 조건, 청취/클릭로그, Config, 미디어파일)
③ 오디오 Play 관련 기능, 로그 데이터 처리 기능
④ 오디오 광고물 결합 커스텀 Push 기능 (재생, 중지, 공유, 링크)

(3) API & Back Office 개발
① App Sync (System Config, App 인증, Managed App, 광고리스트 등)
② SDK 실행 로그 데이터 전송(Play, click, plug-in 등)
③ 광고DB, 매체사/광고주 관리, 광고관리, 환경설정
④ 광고리포트, 정산시스템

(4) 광고 상품 정의
① 인스트림 프리롤 광고 상품
② 오디오 징글 광고 상품
③ 오디오 Push 광고 상품
④ 오디오 광고물 type (포맷, 길이, 용량 등), 부가광고물인 Push 광고물 (배너이미지, 포맷 용량, 사이즈), URL첨부, 동영상첨부 조건 정의

[그림] 기술개발 최종목표 샘플 2

■ 세부시스템의 관계를 설정하는 시스템 구성도

시스템 구성도나 서비스 구성도를 그리는 것이 어려운 것은 아니다. 귀찮을 뿐이다. 정성스럽게 구성도를 그려야 한다. 시스템이나 서비스 구성도만 봐도 무엇을 개발하는지 이해할 수 있어야 한다. 고민해서 명료하게 그려라. 개발하는 세부시스템의 관계를 설정한 것이 시스템 구성도가 된다. 개발에 필요한 도구나 기본 프레임웍을 백그라운드로 하고 개발하는 세부시스템을 구분하고 주요기능을 나열한 후 외부시스템과 연동되는 항목을 정의하면 된다.

① 앱 개발 시스템 구성도

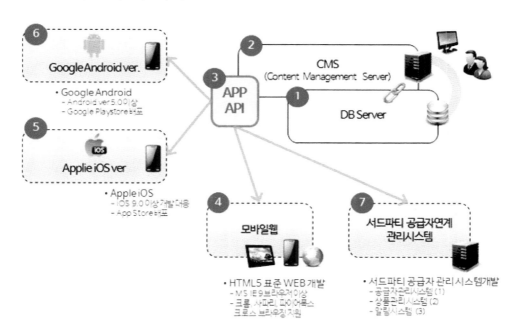

[그림] 앱 개발 사업의 일반적인 시스템 구성도 사례

사업계획서에서 주로 많이 다뤄지는 앱 개발 분야에서 일반적으로 활용되는 시스템 구성도를 예로 들면 [그림]과 같다. 앱을 개발하려면 먼저 WEB서버와 DB서버를 구축해야 하고 앱과 연동되는 API를 개발해야 한다. 그리고 안드로이드와 iOS 앱 개발이 필요하다. 또 모바일 웹 개발이 필요할 수도 있고 제휴사업자와 플랫폼을 공유하게 되면 연동API 개발이 필요하다. 앱을 개발하는데 시스템 구성도가 필요하면 보기의 예를 기본으로 활용하여 작성해도 괜찮다.

② 플랫폼 시스템 구성도

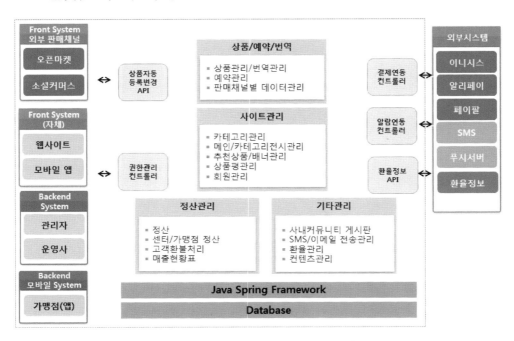

[그림] 플랫폼 시스템 구성도 사례

[그림]은 일반적인 상거래 플랫폼 관련 시스템 구성도이다. 시스템 내부에 상품거래를 위한 세부시스템이 있고 외부와 연동되는 시스템을 나열하여 보여주고 있다. 외부시스템 연동을 위한 API와 컨트롤러를 제시하고 있으며 개발 프레임웍을 보여주고 있다. 그리고 세부시스템에서 지원하는 기능을 나열하고 있다. 기업에서 플랫폼을 개발하고 있다면 위와 같은 형태로 시스템 구성도를 그려낼 수 있다.

③ SW프로그램 시스템 구성도

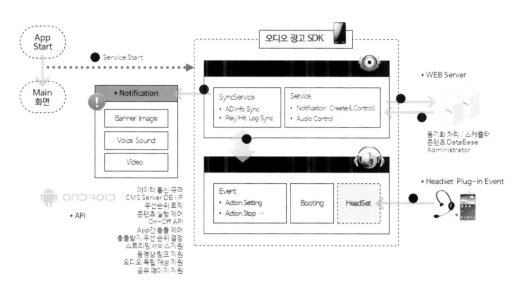

[그림] SW프로그램 시스템 구성도 사례

[그림]은 오디오 광고 SDK의 시스템 구성도이다. SDK(Software Development Kit)는 소프트웨어 개발 키트로 완성된 제품이 아니라 SW와 프로그램을 개발할 때 필요한 라이브러리와 연동API를 모아 놓고 개발에 필요한 사례를 제공하는 개발지원 도구다. 일종의 SW라고 할 수 있고 이런 것을 개발하기 위해서도 위와 같은 시스템 구성도가 필요하다. 만약 완제품이 아닌 특정 시스템의 일부 프로그램을 개발하고 있다면 이런 시스템 구성도를 참고해도 좋다.

■ 개발내역 나열 후 3~4개 개발항목으로 구분

최종목표 시스템을 구성하는 세부시스템을 3개로 정하고 그 시스템에 필요한 기술과 기능을 정리하면 완료된다. 세부시스템별 필요기술 및 기능도 각각 3~4개로 정리한다. 우선 실제 개발하는 내역을 상세히 나열해야 한다. 개발책임자, 참여연구원과 회의하여 개발내역을 비교적 상세하게 정리해라. 기획자가 작성한 시스템 구성도, UI시나리오, 서비스 플로우 등도 포함된다. 특허출원명세서의 플로우차트, 알고리즘, 대표도면 등도 활용될 수 있다. 이후 유사한 내역을 모으고 분류하여 세부시스템 개발항목을 정한다. 다음은 여행 앱과 여행상품 판매 플랫폼의 세부시스템 개발항목을 정리한 사례다.

1) Third Party OTA 시스템 Interface 구축
① Open API 및 Third Party 자체 API 분석을 통한 외부 OTA 플랫폼 연동 Interface 구축 (교통, 통신, 숙박, 관광지, 액티비티 정보 지원)
② 교통정보 제공 및 공항철도, KTX, 티머니 등 교통 이용권, 선불 SIM, 스마트폰 임대, LTE 라우터 대여정보 제공 및 판매, 주요호텔, 투어, 관광지 입장권, 공연, Activity 정보, 관광에 필요한 정부차원의 관광 홍보서비스 플랫폼과 연동할 수 있는 interface 구축
③ 기존 시스템의 function별 mobilization : 구매 신청, 결제조회 모바일 서비스 개발

2) Third Party 마케팅 프로모션, 광고관리 Back-office 시스템 구축
① 모바일 할인쿠폰, 모바일 브로슈어 등 Third Party 마케팅 상품 등록 관리 시스템 구축
② Third Party Application 소개/홍보/광고를 위한 관리 시스템 구축
 - 예, 지하철 노선도 App, 번역 App, 모바일 concierge App, 메뉴판 App 등
③ IE11/Chrome 기반의 GUI기반 시스템 구축

3) 최신 레퍼런스 폰에 적합한 Android & iOS App 개발
① 4개 국어 지원 : 한국어, 영어, 일본어, 중국어 4개 국어 개발
② Android & iOS 지원, hybrid App으로 개발 (proguard 기법적용)
③ 정보제공 Push 서비스, 동일 언어 간 커뮤니티 서비스

[그림] 여행 앱의 세부시스템 개발항목 작성 사례

① 결제화폐별 여행상품 가격 변동 프로세스 개발
  - 환율은 관세청 UNI-PASS Smart 네비게이터 Open API 활용
  - Daemon을 활용한 일일 1회 결제화폐별 여행단품 가격 자동 변경 처리

② 멀티 판매채널(오픈 마켓 등) 상품등록/변경 자동화 API 개발
  - 오픈 마켓 XML 연동 규격 개발
  - 제휴쇼핑몰 통합 자동화 API를 통해 상품정보 일괄 등록/수정 기능 구현

③ 멀티 판매채널 상품유통의 통합 처리를 위한 DB 설계 및 구축
  - 멀티 판매채널(오픈 마켓 중심) 상품등록정보 통합/관리 DB 설계
  - 판매채널별 상품 및 썸네일 이미지 자동 리사이징 모듈 개발(웹, 앱용)

④ 해외 거래처용 Back-end 시스템 개발 및 기타 관리자 프로그램
  - 웹기반 Back-Office Web 프로그램 개발, 모바일 App 개발
  - 인증 시스템 개발 제공 (QR코드, 휴대폰번호, 일련번호인증 시스템)
  - e-mail, Push를 통한 알림서비스 개발/정산시스템/로그분석 시스템

⑤ 국내외 고객용 웹/모바일 Front 시스템 개발
  - 자체 판매 웹사이트 및 모바일 하이브리드 앱 개발
  - 글로벌 결제수단 적용(이니시스, 페이팔, 알리페이 등), 4개 국어 지원

[그림] 여행상품 판매플랫폼 세부시스템 개발항목 작성 사례

■ 사업계획서 샘플-6페이지

<성능지표 목표 및 측정방법 작성 사례_플랫폼 개발 분야>

<표> 성능지표 목표 및 측정방법

<주요 성능지표 개요>					
주요 성능지표[1]	단위	최종 개발 목표[2]	세계최고수준[3] (보유기업/보유국)	가중치[4] (%)	측정기관[5]
1. OOO 기술 모듈API 호출 속도	sec	0.5sec 이하	25㎥/min (OOO/미국)	25%	공인시험기관 (TTA의 V&V)
2. OOO 서비스 Push알림 응답 속도	sec	0.5sec 이하	- (Google/미국)	25%	공인시험기관 (TTA의 V&V)
3. 모바일 OOO 인증 분당 거래 처리량	tpm	15,000 tpm 이상	30,000 tpm (OOO/한국)	40%	공인시험기관 (TTA의 V&V)
4. OOO 웹페이지 등 데이터베이스 응답 속도	sec	0.5sec 이하	500ms (Oracle/미국)	5%	공인시험기관 (TTA의 V&V)
5. OOO사, OOO사 등 연동 결제 플랫폼 건수	EA	6건 이상	무제한 (amazon/미국)	5%	공인시험기관 (TTA의 V&V)

※ 수행기관 자체 측정 지표 사유 : 해당 없음

<시료 정의 및 측정방법>			
주요 성능지표	시료정의	측정시료 수[6] (n≥5개)	측정방법[7] (규격, 환경, 결과치 계산 등)
1. OOO 기술 모듈API 호출 속도	임의의 테스트 데이터	20회	시스템에 적용된 각 OOO 테스트 시 API의 인증/승인 완료처리 속도 측정
2. OOO 서비스 Push알림 응답 속도	OOO 서비스 실 테스트	20회	테스트 처리 설정 후 OOO 이용 시 알림 속도 측정
3. 모바일 OOO 인증 분당 거래 처리량	임의의 테스트 데이터	20회	OOO 환경에서 임의의 데이터 입력하여 승인 처리속도 검증
4. OOO 웹페이지 등 데이터베이스 응답 속도	OOO 데이터 조회	20개	10건 이상의 Query를 DB서버에 질의하여 전달되는 데 걸린 시간 측정, 공인 시험성적서로 목표 속도 검증
5. OOO사, OOO사 등 연동 결제 플랫폼 건수	제휴사별 연동API	5개	OOO사 최소 3사 연동 처리, OOO서비스 최소1개사, OOO 플랫폼 등 2곳 등 연동규격에 따른 연동 처리하여 정상 여부 확인

※ 시료 수 5개 미만(n<5개) 지표 사유 : 해당 없음

[그림] 플랫폼 개발 분야 성능지표 목표 및 측정방법 샘플

■ 성능지표 및 목표 작성 사례

　성능지표 목표 및 측정방법은 정부지원사업 사업계획서에서 평가위원이 반드시 검토하는 부분이며 가장 많은 지적사항이 나오는 부분이다. 서면평가나 대면평가 시 평가위원이 평가해야 할 항목이 10개 정도 되는데 평가표 코멘트로 3～4개 항목에 대해서만 언급한다. 그중에 반드시 언급되는 항목이 '성능지표 목표 및 측정방법'에 대한 의견이다. 서면평가와 대면평가에서 모두 언급된다. 특히 평가에서 탈락될 때는 항상 '성능지표가 모호하거나 미흡하다'고 기록된다. 성능지표 목표 및 측정방법은 사업계획서에서 그만큼 중요한 부분이다. 초기기업이 정부지원사업 사업계획서 작성 시 가장 어려워하는 부분 중의 하나이기도 하다.

　중소기업 기술개발 지원 분야는 기계, 소재, 전기, 전자, 화학, 바이오, 의료, 에너지, 정보통신 등 매우 다양하다. 대부분 표준화되고 규격화된 평가기준이 존재한다. 물리, 화학 등 과학적인 수치로 나타낼 수 있다. 해당분야의 제품을 개발하는 초기기업은 성능지표 및 목표를 정하는데 큰 어려움은 없다. 하지만 정보통신분야 개발에 있어서는 성능지표를 찾아내는 것 자체가 어렵다. 주로 기능에 초점을 두고 개발한다. 성능에 대한 검증을 쉽게 생각하는 경향이 있다. 하지만 사업계획서를 작성할 때 개발한 결과물의 성능을 어떻게 검증할 것인지에 대한 내용은 반드시 미리 대안을 만들어 놓아야 한다.

　성능지표 및 목표는 모호하면 안 된다. 기술개발 결과물의 기능이 아닌 성능의 목표치를 측정 가능한 수치로 표현해야 한다. 작동여부,

실행여부 등 기능에 대한 내용을 작성하는 것이 아니다. 굳이 작동여부, 실행여부를 성능지표로 표현하고자 한다면 작동률, 정상실행률 등과 같은 평가지표를 제시하고 목표로 99%, 100% 이런 식으로 쓰면 된다. 단, 성능지표 및 목표에서 이런 형태의 평가지표가 한두 가지는 허용되겠지만 너무 많으면 지적사항이 된다.

중소벤처기업부 산하에서 창업기업 및 중소기업을 대상으로 정부 R&D 지원사업을 전담하는 중소기업기술정보진흥원(TIPA)이 운영하는 중소기업 기술개발사업 종합관리시스템(SMTECH)에 접속하면 공지사항에서 '사업계획서 작성 예시자료(사업계획서 part2)'를 다운로드할 수 있다. 그 자료에서 다음과 같이 성능지표 및 목표 샘플을 참고할 수 있다.

과제명 : 내한 굴곡성(00000회/-00℃) 및 투습방수기능이 우수한 하이브리드 필름 소재 및 섬유융합제품개발 (화학_섬유제품_융합섬유제품 분야)

<주요 성능지표 개요>

주요 성능지표[1]	단위	최종 개발목표[2]	세계최고 수준[3] (보유기업/ 보유국)	가중치[4] (%)	측정기관[5]
1. 바이오매스함량 (Biomass-PU)	%	OO 이상	-	15	한국의류시험연구원, FITI 시험연구원 ASTM D 6866
2. 두께	μm	OO	15~20	5	KS K ISO 5084
3. 내수도	mmH2O	OO 이상	10,000	15	KS K ISO811(저수압법)
4. 투습도	g/m2/24h	OO 이상	8,000	15	KS K 0594 (초산칼륨법)
5. 내한 굴곡 후 내수도	mmH2O	OO 이상	6,000	20	KS M ISO 17694 준용 (20,000회/-20℃) KS K 0591 (저수압법)
6. 인장강도	N	OO 이상	5~10	5	KS K 0520(그래브법)
7. 인열강도	N	OO 이상	15	5	KS K 0535(펜듈럼법)
8. 발수도	급	O	4-5	10	KS K 0590 (스프레이법)
9. 박리강도	N	OO 이상	15	10	ISO 2411

※ 수행기관 자체 측정 지표 사유 : 해당 없음

<시료 정의 및 측정방법>

주요 성능지표	시료정의	측정시료 수[6]	측정방법[7] (규격, 환경, 결과치 계산 등)
1. 바이오매스함량 (Biomass-PU)	Biomass-PU 필름	2	첨단 가속질량분석기 (Accelerator Mass Spectrometry: AMS)
2. 두께	하이브리드 필름	5	KS K ISO 139에 규정된 상태에서 컨디셔닝 된 시험편으로 두께 측정
3. 내수도	원단과 필름이 합쳐진 라미네이팅 원단	5	KS K ISO 139에 규정된 상태에서 컨디셔닝 된 시험편으로 내수도 측정
4. 투습도	원단과 필름이 합쳐진 라미네이팅 원단	5	양변에서 전폭의 1/10씩 양끝에서 100cm이 상 떨어진 곳에 채취함
5. 내한 굴곡 후 내수도	원단과 필름이 합쳐진 라미네이팅 원단	5	KS M 17694 준하는 시험기기에서 내한 굴 곡 후 내수도를 측정
6. 인장강도	원단과 필름이 합쳐진 라미네이팅 원단	5	표준화상태의 습윤 상태에서 정속 인장식 (CRE) 시험기를 사용함
7. 인열강도	원단과 필름이 합쳐진 라미네이팅 원단	5	예비 컨디셔닝, 컨디셔닝 및 시험환경은 KS K ISO 139에 따라야 함
8. 발수도	원단과 필름이 합쳐진 라미네이팅 원단	5	별도로 규정되어 있지 않고 발수처리된 표면 을 고르고 평평하게 당겨서 측정
9. 박리강도	원단과 필름이 합쳐진 라미네이팅 원단	5	시험편을 KS M ISO 2231의 방법에 따라 전 처리 하고 박리강도 측정 규격에 따라 시험을 진행함

※ 시료 수 5개 미만(n<5개) 지표 사유 : 바이오매스 함량 측정은 기기측정으로 2회로 충분히 검증된다고 판단됨.
　수지합성이 연차별 1~2 회 정도 이루어지기 때문에 같은 시료로 반복 측정하는 것은 비용부담이 너무 큼.

※ 중소기업기술개발 종합관리시스템 사업계획서 작성 예시 문서 발췌

[그림] 화학 섬유제품 관련 성능지표 및 목표 작성 샘플

과제명 : 실시간 입도제어 기술을 융합한 나노 Hydro dispersion 시스템 개발 (기계·소재_나노·마이크로 기계시스템_시스템 통합화 기술 분야)

<주요 성능지표 개요>

주요 성능지표[1]	단위	최종 개발목표[2]	세계최고수준[3] (보유기업/보유국)	가중치[4] (%)	측정기관[5]
1. Capacity	ml/h	OO이상	1,500 (일본/Yoshida)	20	자체평가/입회시험
2. Nozzle Gap	μm	OO이하	70 μm (일본/Yoshida)	15	자체평가/입회시험
3. 압력	Psi	OO이상	1,000 (이태리/GAE)	20	ICP-MS(한국화학시험연구원)
4. Contamination	%	OO이하	0.001 (이태리/GAE)	15	TEM(나노융합기술연구원)
5. 나노입자 크기	nm	OO이하	60	10	ICP-MS(한국화학시험연구원)
6. 분산도	Span	OO이하	3.0	10	ICP-MS(한국화학시험연구원)
7. 온도	℃	OO이하	30 (이태리/GAE)	10	자체평가/입회시험

※ 수행기관 자체 측정 지표 사유 : 성능지표 1의 경우, 3축 고압 분산기의 처리 용량으로 투입 분말 대비 생산되는 분말의 용량을 의미하는 것으로 OOOO ml/h를 자체 평가를 통해 검증. 성능지표 2의 노즐 gap은 분산 압력 및 입자의 크기에 따른 분말의 분사 노즐의 크기를 의미하며, 자체 평가를 통해 제어 가능한 노즐의 크기를 측정. 성능지표 7은 고압 분산기를 이용하여 분산된 분말을 함유한 용액의 온도를 측정하는 것으로 보정된 온도측정 장치를 이용하여 자체평가 및 입회 시험 수행

<시료 정의 및 측정방법>

주요 성능지표	시료정의	측정시료 수[6]	측정방법[7](규격, 환경, 결과치 계산 등)
1. Capacity	초고압 분산기의 처리 용량	5	일반 상온 및 대기 조건에서 초고압 분산 장치를 통해 처리되는 시료의 시간 당 부피를 측정. 부피 측정 방법은 정량 용기를 이용하거나 또는 피스톤을 이용하여 부피 측정
2. Nozzle Gap	초고압 분산기의 분사 노즐의 gap size	5	일반 상온 및 대기 조건에서 초고압 분산 노즐의 gap size를 3차원 측정기를 이용하여 측정 (정밀도OO μm 이내)
3. 압력	나노 분말의 분산 시 가해지는 압력	5	일반 상온 및 대기 조건에서 초고압 분산기의 노즐을 통해 분사되는 시료의 압력을 측정
4. Contamination	최종 분산 후 분말의 불순물 함량	5	XRF 또는 XRD를 이용하여 불순물의 정성분석 실시 후 ICP 분석을 이용하여 불순물 정량 분석
5. 나노입자 크기	초고압 분산 및 분급 후 분말의 입자의 크기	5	나노입자를 분석하기 위해서는 투과전자현미경을 이용하여 나노입자의 크기를 분석 (OOnm 이하)
6. 분산도	초고압 분산 및 분급 후 분말의 분산도	5	PSA 분석을 통하여 D50, D10, D90 값을 분석하여 분산도(span=(D90-D10)/D50)를 계산함
7. 온도	초고압 분산 후 분말을 함유한 용액의 온도	5	보정된 온도측정 장치를 이용하여 초고압 분산기를 통해 처리된 시료의 온도를 측정

※ 시료 수 5개 미만(n<5개) 지표 사유 :

※ 중소기업기술개발 종합관리시스템 사업계획서 작성 예시 문서 발췌

[그림] 기계 소재 관련 성능지표 및 목표 작성 샘플

과제명 : IoT 시계열 빅 데이터 실시간 저장 분석 및 시각화 플랫폼 기술개발 (정보통신분야)

<주요 성능지표 개요>					
주요 성능지표[1]	단위	최종 개발목표[2]	세계최고수준[3] (보유기업/보유국)	가중치[4] (%)	측정기관[5]
처리량	건	OO건/초	무제한 (Amazon/미국)	20	TTA 공인기관인증시험
시각화	건	OO건	50건 (Google/미국)	20	자체시험, 평가 시 시연
데이터베이스 응답속도	ms	OOms	500ms (Oracle/미국)	20	TTA 공인기관인증시험
알고리즘	건	O건	-	20	자체시험, 평가 시 시연
Notification 응답속도	초	O초	-	10	TTA 공인기관인증시험
연동 IoT 플랫폼 수	건	O건	무제한 (Amazon/미국)	10	TTA 공인기관인증시험

※ 수행기관 자체 측정 지표 사유 : 처리량, 시각화 등 단순 증빙이 가능한 것들은 자체 시험으로 증빙하도록 함

<시료 정의 및 측정방법>			
주요 성능지표	시료정의	측정시료 수[6]	측정방법[7](규격, 환경, 결과치 계산 등)
처리량	실시간 처리량 분석을 위한 임의 시계열 데이터발생기를 통한 데이터 처리량	-	플랫폼 데이터 수집 처리단의 데이터 시계열 포인트 수, 구성된 플랫폼 내의 1초에 처리할 수 있는 실시간 처리 및 데이터베이스 저장, 초당 플랫폼에서 데이터를 수집 및 처리하여 데이터가 저장 되는 것까지 확인, TTA 시험 성적서로 처리량 목표 달성 여부 검증
시각화	IoT에서 생성되는 실시간 시계열 데이터	-	분석 시스템에서 제공하는 시각화 기법 확인, 기본 시계열 데이터를 표현하는 정량적인 시각화 화면수를 체크
데이터베이스 응답속도	분산 환경 기반의 IoT 시계열 데이터 조회	-	OO만 건 이상의 시계열 데이터를 서버에 질의하여 사용자에게 전달되는데 걸린 시간 측정, TTA 시험성적서로 데이터베이스 응답 속도 목표 달성 여부검증
알고리즘	IoT에서 생성되는 실시간 시계열 데이터	-	데이터 포인트 별로 적용할 수 있는 분석 알고리즘의 개수 확인, 연동된 IoT 디바이스의 실제 데이터를 기반으로 분석 적용 가능 알고리즘 확인
Notification 응답속도	분석 및 이벤트 발생 시 사용자에게 응답 전송	-	이벤트 발생 시점에서부터 사용자 인터페이스로 Notification이 도달하는데 걸리는 시간 측정, TTA시험성적서로 이벤트 검출에 따른 사용자 응답 속도 목표 달성 여부 검증
연동 IoT 플랫폼 수	분석 시스템과 연동되는 개방형 IoT 플랫폼	-	이기종 플랫폼 연동을 통한 데이터 취득 확인, 연동을 위한 API 및 제공 방식 확인 검증을 통한 연동플랫폼 수 측정, TTA 시험성적서로 연동 IoT 플랫폼 수 목표 달성 여부 검증

※ 시료 수 5개 미만(n<5개) 지표 사유 : 시료 수 문제는 없는 것으로 판단됨.

※ 중소기업기술개발 종합관리시스템 사업계획서 작성 예시 문서 발췌

[그림] 정보통신 관련 성능지표 및 목표 작성 샘플

정보통신분야 중 HW개발 분야를 제외하고 SW개발업종에서는 성능지표를 어떤 것으로 도출해야 할지 몰라 난처한 경우가 많다. [그림]은 IoT관련 데이터 플랫폼의 성능지표 및 목표 작성 예시다. 성능지표로 데이터 처리량, 시각화, DB응답속도, 알고리즘, 노티피케이션 속도, 연동 플랫폼 건수가 제시되어 있다.

그런데 SW나 프로그램을 개발할 때 사실 데이터 처리량은 중요한 사항이 아니다. SW나 프로그램이 개발되면 기능 위주로 검증을 한다. 데이터 처리량은 서버용량이나 회선을 늘리면 단번에 해결된다. 물론 프로그램 로직이 잘못되어 얼마 안 되는 데이터 처리에도 프로그램이 다운될 수 있다. 하지만 그런 오류는 기능의 오류이지 데이터 처리량의 문제는 아니다. 따라서 데이터 처리량은 개발된 프로그램의 성능지표로 활용하면 안 되는 것이다. 시각화의 경우는 통계데이터의 그래프 처리, 이미지화 등을 말하는 것인데 굳이 이것을 위해 프로그램을 새로 개발할 필요는 없다. 이미 시중에 시각화할 수 있는 무료 SW툴이 많이 있어 쉽게 구현이 가능하다. 따라서 이것 또한 엄밀히 말하면 성능지표로 활용하기 곤란하다. DB응답속도도 중요한 성능지표가 아니다. DB응답속도도 DBMS성능이 좋고 용량이 크면 속도가 빨라지는 것이지 프로그램 성능과는 크게 관계없다. 알고리즘의 경우 프로그램 개발에서 건수는 중요하지 않다. 알고리즘에 데이터 누락이 없고 모든 케이스가 반영되는지 확인하는 것이 중요하다. 알고리즘의 건수로 프로그램의 성능을 판단하는 것은 문제가 있다. 노티피케이션 속도도 마찬가지다. 웹서버의 HW적 성능을 높이면 해결되는 사항이다. 플랫폼 연동 건수도 연동되는 플랫폼 API도 시간만 있다면 계속 만들어 낼 수 있다. 중소기업 기술개발사업 종합관리시스템에서 예시로 제시하는 정보통신분야 샘플은 성능지표로 활용하기에는 너무 일반적이고 기초적인 수준이다. 사실 프로그램에 있어 확인할 수 있는 성능은 대부분 하드웨어 업그레이드로 가능한 것들이고 그 성능의 차이가 이용에 방해가 될 만큼 크지도 않다.

하지만 정부지원사업에 있어 정보통신분야는 이런 성능지표를 활용해서 성능지표 및 목표를 작성해야 한다. 프로그램 개발 분야에서는 예시와 같은 성능지표를 제외하고 객관적으로 검증할 수 있는 지표를 찾아내기 어렵기 때문이다.

정부 R&D 지원사업에 많이 합격해 봤지만 '성능지표 및 목표' 작성은 나도 늘 어려웠던 부분이고 명확한 답을 찾기 어려웠다. 합격을 해도 평가의견에서 항상 지적사항이 나왔다. 특히 SW개발 아이템의 경우 '성능지표 및 목표'가 늘 모호하고 부족해서 보완이 필요하다는 의견이 대다수였다. 하지만 결국에는 최종 합격했다. 비록 '성능지표 및 목표' 설정이 부족했지만 모든 아이템이 합격한 것으로 봐서는 '성능지표 및 목표'가 합격과 탈락을 결정하는 요소는 아니다.

도대체 이 부분은 어떻게 작성해야 할까? 이것이 문제다.

■ 정보통신분야 성능지표 및 목표 작성방법

정부지원사업 신청을 하면서 프로그램 관련해서 '성능지표 및 목표'를 제시할 때 정말 여러 가지 시도를 해봤다. 어떻게 제시하는 것이 정답일까?

① 정보통신분야 성능지표는 샘플을 활용

먼저 개발 프로그램의 기능과는 관계없이 앞의 샘플과 동일한 내용으로 성능지표 및 목표를 작성해서 신청했을 때는 '성능지표 및 목표가 개발하고자 하는 제품과 매칭 되지 않고 일반적인 것이라 성능지표의 보완이 필요함'이라는 평가결과를 받았다. 평가결과의 요지는 제시한 성능지표가 개발하는 프로그램의 기능과는 관계없다는 내용이다. 결국 정답은 아니었다.

다음으로 Google이나 NAVER에서 '소프트웨어 평가지표'라는 키워드로 검색하여 정부기관에서 공개한 SW평가기준 관련 보고서(2010년 지식경제부의 '소프트웨어 기술성 평가기준 적용 가이드')와 연구자료를 참고했다. 보고서에서 SW평가기준으로는 기능성(기능구현 완전성, 정확성, 보안성), 사용성(용이성, 이해도, IF조정가능성, 일관성), 이식성(운영환경적합성, 설치제거 용이성, 호환성), 효율성(반응시간, 자원사용률, 처리율), 신뢰성, 유지보수성 등을 소프트웨어의 평가지표로 제시하고 있었고 이를 5점 척도로 평가하라고 되어 있었다. 이 기준을 근거로 프로그램 성능지표 및 목표를 작성해서 신청했을 때는 '성능지표가 사용 용이성, 기능구현 완전성 등 객관적으로 판단할 수 없는 것으로 구성돼 보완이 필요함'이라는 평가결과를 받았다.

세 번째로 ICT분야 전문 평가위원에게 물었더니 'SW기능에 대한 내용을 성능지표로 넣을 때는 "OO기능 정합도"라고 표현하고 몇 % 이상 성공률을 목표로 하면 인정해준다'고 하여 그런 식으로 표현해서 신청했더니 '성능지표가 대부분~기능의 정합도'로 되어 있어 객관적인 성능을 파악하기 어려워 성능지표의 보완이 필요함'이라는 평가결과를 받았다.

　　마지막으로 시도한 것은 최대한 많은 성능지표의 제시였다. 대부분의 사업계획서는 성능지표로 4~5건 정도를 제시한다. 많으면 6~7건 적은 경우에는 2건도 있다. 성능지표로 위에 언급한 데이터 처리량, 속도, 기능 정합도, 이용편의성 등 여러 가지를 섞어서 10개 이상의 성능지표를 만들어 신청했더니 '성능지표가 기능 정합도로 되어 있는 것들은 객관적으로 평가할 수 있도록 보완이 필요함'이라는 평가결과를 받았다.

　　프로그램, SW 등 정보통신분야 관련 성능지표를 어떤 방법으로 작성해도 평가의견은 늘 '성능지표가 미흡하니 보완이 필요함'이었다. 그렇지만 결과는 합격이었다. 이처럼 평가위원이 성능지표에 대해서는 반드시 평가의견을 제시하지만 부정적이라고 해서 전부 탈락하지는 않았다. 계속 언급했듯이 정부지원사업의 합격여부를 결정하는 것은 '기술개발 개요 및 필요성, 차별성, 독창성'이기 때문이다. 평가위원 대부분은 개발기술 개요 및 필요성, 차별성이 인정되면 성능지표 및 목표는 보완할 수 있다고 생각하는 것이다. 그 반대의 경우 아무리 성능지표 및 목표를 기가 막히게 작성했더라도 개발기술 개요 및 필요성이 공감되지 않으면 탈락이다. 개발기술 개요 및 필요성, 차별성을 제대로 설명한 상태에서 성능지표 및 목표가 부족해도 노력했다는 흔적을 보여주면 합격할 수 있다.

　　SW분야에서 일반적으로 활용할 수 있는 대표적인 성능지표를 만들었다. 이 성능지표를 기반으로 조금씩 보완하면 무난한 성능지표를 작성할 수 있다.

[표] SW분야에서 대표적으로 활용할 수 있는 성능지표 및 목표 샘플

<SW개발 사업의 주요 성능지표 샘플>					
구분	주요 성능지표	단위	최종 개발 목표	세계최고수준 (보유기업/ 보유국)	측정기관
App 관련	대응 OS버전	ver	9.x 이상	10.x이상 (Google/미국)	공인시험기관(TTA등) 테스트기준(V&V)
	Android & iOS를 지원하는 hybrid 앱 버전	ver	11.x 이상	10.x이상 (Google/미국)	
	APP 용량	Mb	Mb 이하	-	
트래픽 관련	처리량(TPS) Transactions Per Second	TPS	10TPS	무제한 (Google/미국)	공인시험기관(TTA등) 테스트기준(V&V)
	분당 동시접속 처리량	건/분	00건	무제한 (Amazon/미국)	
	서버 DATA 처리용량	Mb/분	00Mbyte	무제한 (Google/미국)	
	동시접속자 수	건/분	00건		
응답 속도 관련	DB응답속도	sec.	2.0 이하	500ms (Oracle/미국)	공인시험기관(TTA등) 테스트기준(V&V)
	웹서버 응답속도 (Response Time)	sec.	2.0 이하		
	이벤트 Alarm Time	sec.	10 이하	-	
	Notification 속도	sec.	2.0 이하	-	
	OO기능 로딩속도	sec.	2.0 이하	-	
기능 정합도	OO전체 플로우 기능 정합도	%	99% 이상	-	공인시험기관(TTA등) 테스트기준(V&V)
연동 수 건수	OO연동 플랫폼 건수	건	00 이상	무제한 (Amazon/미국)	공인시험기관(TTA등) 테스트기준(V&V)
	OO API 레퍼런스 소프트웨어 개수	건	00 이상		
	DB화된 데이터 건수	건	00 이상		
디자인	시각화	건	0 이상	-	공인시험기관(TTA등) 테스트기준(V&V)
알고 리즘	알고리즘	건	0 이상	-	공인시험기관(TTA등) 테스트기준(V&V)
	알고리즘 정확도	%	99% 이상	-	

SW분야 성능지표를 App, 트래픽, 속도, 기능 정합도, 연동, 디자인, 알고리즘 등 총 7개로 항목으로 구분하고 세부 성능지표를 제시하였다. SW분야 성능지표를 작성할 때 [표]를 참고하여 5~6가지 정도는 활용할 수 있다. 예시에 있는 성능지표 단위와 세계최고수준을 그대로 활용해도 큰 문제가 없다.

② 모든 성능지표의 측정기관은 '공인시험기관'으로 작성

성능지표의 목표달성을 확인하기 위해서는 반드시 공인시험기관의 인증이 필요하다. 측정기관 항목에 '자체평가', '수요처평가' 등을 넣어도 된다고 설명하고 있지만 '자체평가'와 '수요처평가'는 적지 마라. 둘 다 평가의견에서 지적사항으로 나온다. 실제로 자체평가가 가능하고 수요처평가가 가능한 항목도 무조건 측정기관에는 '공인시험기관'으로 써 넣어라. 그리고 결과보고 시 실제 그런 내용도 '공인시험기관'에서 확인을 받으면 된다.

SMTECH 홈페이지에서 '공인시험기관'을 검색하면 공지사항 '2015년 창업성장기술개발사업 창성과제(3차) 협약설명회 자료'에 '공인시험기관 POOL'이라는 파일을 다운받아 열어보면 한국인정기구 KOLAS(www.kolas.go.kr)에서 제공하는 개발 분야별 '공인시험기관' 리스트를 확인할 수 있다. 정보통신 및 소프트웨어 관련해서는 한국산업기술시험원(KTL), 한국정보통신기술협회(TTA) 등이 있다. 그중에서 한국정보통신기술협회(TTA)의 확인 및 검증시험(V&V Test: Verification & Validation Test)을 받아라. SW 관련해서 확인 및 검증을 철저히 진행하며 시험과정 및 결과를 100페이지 내외의 보고서로 작성하여 제공한다.

③ 성능지표 샘플을 개발내역 꾸밈말로 보완한 성능지표 작성

[표] 성능지표 샘플을 개발내역에 맞게 수정한 성능지표

<주요 성능지표 개요>					
성능지표 샘플	보완한 성능지표	단위	최종 개발목표	세계최고수준 (보유기업/보유국)	측정기관
응답속도	모바일 인증처리 모듈API 호출 속도	sec	0.5sec 이하	25㎥/min (Google/미국)	공인시험기관 (TTA의 V&V)
Notification 속도	모바일 결제 승인/취소 Push알림 응답 속도	sec	0.5sec 이하	- (Google/미국)	공인시험기관 (TTA의 V&V)
처리량	결제 인증 서버 분당 거래 처리량	tpm	1500 tpm 이상	3,000 tpm (KT/한국)	공인시험기관 (TTA의 V&V)
DB속도	결제 신청 웹페이지 등 데이터베이스 응답 속도	sec	0.5sec 이하	500ms (Oracle/미국)	공인시험기관 (TTA의 V&V)
연동 플랫폼	통신사, 신용카드사 등 결제 연동 플랫폼 건수	EA	6건 이상	무제한 (amazon/미국)	공인시험기관 (TTA의 V&V)

※ SW분야 성능지표 예시를 개발내역에 맞게 수정, 보완
 - 응답속도 → 모바일 인증처리 모듈API 호출속도
 - Notification 속도 → 모바일 결제 승인/취소 Push 알림 응답 속도
 - 처리량 → 결제 인증 서버 분당 거래 처리량
 - 응답속도 → 결제 신청 웹페이지 등 데이터베이스 응답 속도
 - 연동 플랫폼 → 통신사, 신용카드사 등 결제 연동 플랫폼 건수

성능지표 샘플을 핵심 개발내역과 접목시켜 성능지표에 차별성이 나타나도록 수정해야 한다. [표]와 같이 수정, 보완하면 노력한 흔적이 보인다. 이것이 개발내역에 맞게 성능지표를 만들어내는 쉬운 방법이다. [표]는 샘플로 제시된 응답속도, 노티피케이션 속도, 처리량, 연동 플랫폼이라는 성능지표를 핵심 개발내역에 맞게 꾸미는 말을 포함시켜 수정한 것이다. 평가해야 할 내용은 동일하지만 두 가지를 비교하면 후자가 훨씬 구체적으로 성능지표를 제시한 것으로 보인다.

④ 테스트 시료 수는 5개 이상으로 처리

　성능지표 선정이 완료되면 '시료의 정의 및 측정방법'을 작성해야 한다. 이 부분은 평가에 큰 영향을 주지 않기 때문에 쉽게 생각하고 쓰면 된다. 시료는 테스트데이터라고 생각하면 된다. 테스트데이터라고만 써도 되지만 성의 없어 보인다. 그래서 '～기능의, 또는～발생하는 테스트데이터'라는 식으로 꾸미는 말을 넣는다. 측정방법은 실제 해당 성능을 측정하는 시나리오 단계를 말하듯 쓰면 된다. 예를 들어 데이터베이스 응답속도의 측정방법은 '1만 건 이상의 시계열 데이터를 서버에 질의하여 사용자에게 전달되는데 걸린 시간을 측정하여 TTA 시험성적서로 데이터베이스 응답속도 목표달성 여부검증' 이런 식으로 작성하면 된다. 그리고 작성하는 문장 마지막에는 '공인시험기관의 시험성적서로 목표달성 여부를 검증함'이라고 쓰면 된다. 시료 수는 최소 5개 이상으로 작성한다. 시료 수를 5개 미만으로 하면 또 사유와 근거를 제시해야 하는데 귀찮다. 어차피 시험기관에서 검증할 때 5번 이상 검증해 달라고 요구하면 대응해 주기 때문에 문제될 것이 없다. 따라서 되도록 시료 수는 5개 이상으로 처리해라.

■ 사업계획서 샘플-7, 8, 9페이지

4.2 기술개발 내용

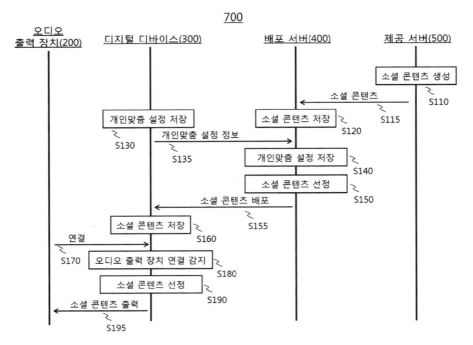

[그림] 서비스 플로우 차트 (특허 도면 인용)

생산자가 본 시스템을 이용하기위해서는 먼저 생산자정보를 등록함. 생산자정보는 생산자를 식별할 수 있는 ID를 중심으로 부가정보를 등록. 이후 생산자는 오디오메시지와 추가 컨텐츠 정보를 등록. 오디오메시지는 기본적으로 음성파일, 배경음악 등 15초 내외의 길이로 제작된 파일. 입력부를 통해서 미리 제작된 오디오메시지를 등록할 수 있으며 입력부의 녹음 장치를 통해서 오디오메시지를 직접 입력. 이추 추가 컨텐츠 정보를 텍스트, 이미지, 동영상, URL 등 여러가지 형태를 복합해서 등록. 해당 컨텐츠는 오디오메시지가 노출될때 소비자의 디지털디바이스의 출력장치를 통해서 출력될 수 있는 형태로 등록. 특히 오디오메시지를 등록할 때는 오디오메시지의 내용(텍스트), 발성자의 성별, 발성자(생산자)의 이름, 오디오메시지 내용의 카테고리(예를 들면 경제, 엔터테인먼트, 운세, 뮤직, 증권 등)를 등록

생산자는 오디오메시지와 추가 컨텐츠 정보를 등록할 때, 클라이언트 타켓팅 정보를 입력. 오디오메시지를 청취하고 추가 컨텐츠 정보를 받아올 수 있는 클라이언트 대상을 미리 선정. 예를 들면, 클라이언트의 성별, 나이, 지역, 달말기종류, OS종류, 설치하고 있는 프로그램 등 클라이언트의 성향을 분석할 수있는 타켓팅 정보를 추가로 등록. 또한 오디오메시지가 노출되는 시기 및 기간, 종료/삭제되는 조건등도 입력. 경우에 따라서는 클라이언트를 직접 실별할 수 있는 이름, 전화번호, ID등을 직접 입력. 물론 그러한 선택은 클라이언트 정보 DB와 연계되어 선택.

이렇게 생산자가 입력한 타켓팅 정보에 따라서 오디오메시지와 추가 컨텐츠정보를 받아볼 수 있는 클라이언트는 한명만 선택이 될 수도 있고 여러명이 선택.

서버 시스템은 생산자가 등록한 오디오메시지와 추가정보컨텐츠에 대한 타겟팅정보를 취합하여 클라이언트 정보 DB를 분석하여 오디오메시지와 추가컨텐츠 배포부를 통해서 클라이언트 프로그램에 오디오메시지와 추가컨텐츠를 배포.

이과정에서 디지털디바이스에 설치된 클라이언트 프로그램은 정기적/비정기적으로 서버시스템과의 통신을 통해서 클라이언트에 타켓된 오디오메시지와 추가정보컨텐츠를 서버시스템으로부터 다운로드하여 저장.
그리고 소비자가 클라이언트 프로그램을 통해서 바로 오디오메시지를 청취하고 추가 컨텐츠 정보를 확인하고 반응. 또한 소비자가 디지털디바이스에 오디오출력장치을 연결하는 시점에 오디오메시지를 노출하고 추가정보컨텐츠를 Push 형태로 보여줄 수 있음.

클라이언트 프로그램은 소비자가 오디오메시지를 청취하고 추가 컨텐츠 정보를 확인하는 과정에서 발생하는 리포트 정보를 수집하고 서버시스템과의 통신시에 클라이언트 리포트 수집부로 리포트정보를 전송. 클라이언트 리포트 정보 수집부는 이러한 리포트 정보를 각 생산자가 볼 수 있는 방식으로 편집하여 저장.
생산자는 출력부를 통해 클라이언트의 오디오메시지 노출/청취 리포트, 추가컨텐츠의 노출, 반응에 대한 리포트를 확인.

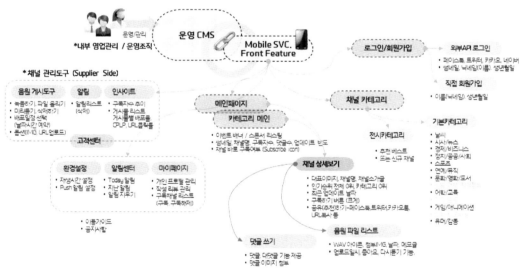

[그림] 앱 서비스 구성도

[표] 앱 기능 정의서

구분	기능	내용
설치 실행	APP 설치	Google Play 를 통해 APP을 다운로드 설치 / "음악 및 오디오" 카테고리
	APP 실행	APP 실행시 서비스명 스플래시 이미지와 로딩바 노출
메인 화면	메뉴	메인화면의 메뉴 아이콘을 통해 LNB 메뉴 활성화
	검색	검색 메뉴 실행을 통해 채널 검색 기능 지원
	GNB	자주쓰는 메뉴 바로가기 - 홈,알림,마이페이지,환경설정
	콘텐츠 리스트	채널 정보를 랭킹 정보에 따라 리스팅
		채널 정보는 썸네일 이미지, 채널명, 구독자수, 업데이트빈도율, 카테고리 노출
메인 메뉴	로그인	로그인은 Facebook, KaKao 오픈 Auth 로그인을 지원
		그 외 사용자들을 위해 Email 회원가입 기능 지원
		필수수집정보-이메일,성별,닉네임,생년월일/선택-프로필사진
		로그인한 경우, 프로필사진, 닉네임, 마이페이지 바로가기로 변경
	카테고리	카테고리는 아래와 같이 분류하나, 향후 추가되거나 변경될 수 있음
		날씨, 시사/뉴스, 경제/비즈니스, 정치/공공/사회,연예/뮤직, 문화/영화/도서, 게임/애니메이션, 유머/감동, 기타
	공지/이벤트	통합 모바일 게시판으로 관리자만 작성이 가능
		제목, 등록일자, 조회수, 댓글수
		사용자의 경우 조회와 댓글 등록이 가능
	이용가이드	이용방법 소개 카드 콘텐츠 제공 (우측으로 슬라이드)
	환경설정	서비스 이용에 필요한 알림, 흔들어중지 등 환경설정 기능 제공
	+채널만들기	채널 생성 화면으로 이동
채널 정보	채널 상세정보	해당 채널의 상세 정보와 최근 등록 "음성"콘텐츠를 조회
		채널 상세정보 : 채널 썸네일, 채널명, 채널소개, 구독자수, 개설자명
		채널 카테고리, 채널 순위, 최근 Update, 채널정보 공유하기
		등록 콘텐츠 : 등록일시, 송출일자, 좋아요(하트), 공유하기, URL
		댓글 : 댓글작성, 수정,삭제, 좋아요(하트), 재댓글
	구독하기	채널의 구독 또는 해제가 즉시 가능
마이 페이지	Today 콘텐츠 리스트	금일 도착한 아직 읽지 않은 콘텐츠 개수 확인 및 바로 듣기
		채널의 등록 정보 리스트 조회
	구독채널 리스트	개인이 구독한 채널의 조회, 구독 또는 해지가 가능
		채널 우선순위의 변경이 가능
	알림	댓글에 대한 피드백 및 추천채널 등의 알림 정보 조회
		개인의 알림 메시지를 클릭하여 채널 상세 페이지로이동이 가능
		모두 읽은 상태로 표시를 선택하여, 알림 삭제
	개인정보수정	회원가입시 등록된 개인정보 및 비밀번호 수정
채널 만들기	채널의 생성	회원은 청취자이며 동시에 채널을 생성하는 콘텐츠 공급자가 될 수 있음
		회원은 복수의 주제를 갖는 채널의 생성이 가능
	+채널만들기	채널의 주제를 소개할 수 있는 정보의 등록을 통해 채널을 생성
		채널썸네일이미지, 채널명, 채널소개, 카테고리 정보
		채널썸네일이미지는 기본 이미지를 선택하거나, 사진갤러리에서 선택이 가능
콘텐츠 등록	콘텐츠 등록	채널을 생성한 회원은 음성을 등록할 수 있음
		음성의 등록은 바로 녹음 또는 음성파일 업로드를 지원함
		15초 이상되는 음원파일의 등록이 시도될 경우 경고메시지 송출 (15초까지만 노출)
		음성과 연결 URL 정보를 등록할 수 있음 (URL은 Option)
	시간/일자설정	콘텐츠의 배포일자(예약)를 지정할 수 있음
리포트 페이지		채널의 구독수의 일/주/월별 변동추이 조회
		콘텐츠별 청취 및 URL 클릭수,클릭율을 조회할 수 있음
		댓글 및 좋아요 등 피드백에 대한 변동추이 조회
기타	비로그인송출	비로그인 고객에게는 관리자 지정 채널의 임의 콘텐츠를 송출
	특정일 송출	고객 정보의 생일일 경우, (ex 생일시 축하멘트 송출 등)
Push 알림	푸쉬알림	Android 상태바 콘텐츠 텍스트 +URL 로 노출
		이전, 다음을 통해 금일 송출된 콘텐츠 목록 조회
		정지, 재생, 공유하기 기능 제공
	AD-Push	광고 콘텐츠의 경우 위 내용에 추가로 배너이미지가 포함

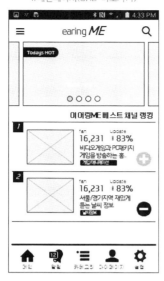

제시 카테고리 소속의 채널명과 채널 개수 표기

• 향후 서비스 런칭 이후 공급자들의 참여에 따라
카테고리는 변경의 여지가 높음

#채널 상세 페이지　　#커스텀 브라우저　　#커스텀 브라우저 (공유하기)

[그림] 주요 앱 화면 설계 시안

[그림] 기술개발 내용

■ 기술개발 내용 작성방법

중소기업 기술개발 사업계획서 양식에는 기술개발 내용이 1차 연도, 2차 연도로 구분되어 있다. 우리가 목표로 하는 정부 R&D 지원사업은 대부분 1차 연도 사업이다. 2차 연도까지 개발되는 사업이면 2차 연도 내용을 추가하면 된다. 만약 참여기관이 있다면 참여기관 개발내용은 별도로 작성해야 한다.

기술개발 최종목표를 작성하고 그 목표를 달성하기 위한 세부시스템의 개발내용을 정리하는데 큰 고민을 할 필요는 없다. 이미 개발내용으로 활용할 수 있는 자료는 많이 있다. 새로운 자료를 만들 생각을 하지 말고 이미 있는 자료를 활용하면 된다. 여기는 별도의 논리와 설득은 필요 없다. 준비한 자료를 잘 정리해서 나열만 하면 된다.

기술개발 내용은 1차 연도를 기준으로 2~3페이지가 적당하다. 더 작성하고 싶다면 4페이지 정도까지도 가능하겠다. 하지만 추천하지는 않는다. 기술개발 최종목표에서 핵심 개발내용을 3개 내외로 설명했기 때문에 그 범위 내에서 기술하면 되고 추가로 개발내용을 제시할 필요는 없다. 세부시스템에서 핵심적인 개발내용을 시스템별로 2~3개 정도로 뽑아내고 그림을 넣어 개발되는 과정 및 내용을 3~4항목으로 구분하여 설명하면 된다.

기술개발 내용을 설명하기 위한 일반적인 개발요소
1. 서비스 흐름도, 시스템 구성도
2. 특허 도면 등에 있는 주요 서비스, 시스템 도면, 플로차트
3. 개발 메뉴 구성도, 서비스 관계도
4. 개발 기능 정의서, 개발요구사항 정의서, 대표도면
5. 개발 대표이미지, 디자인 시안
6. 관리자, 통계 페이지 시안
7. 핵심 기능 상세 프로세스, 외부플랫폼 연동방안 및 서비스 흐름도
8. 프로그램 알고리즘 등

기술개발 내용으로 설명하기 위한 일반적인 개발요소는 [표]와 같다. 이러한 개발요소는 제품이나 서비스를 기획할 때부터 작성한 문서에서 찾을 수 있다. 필요한 요구사항 및 기능을 정의하고 그것을 설계하고 서비스 흐름도를 작성할 때 나온 산출물을 그대로 활용하면 된다. 디자인 시안이 있다면 적극적으로 활용해라. 특허출원명세서에 있는 도면, 개발내용 등을 그대로 활용해도 된다.

① 기술개발 내용 세부시스템 작성 샘플 1 : 시스템 구성도, 서비스 흐름도

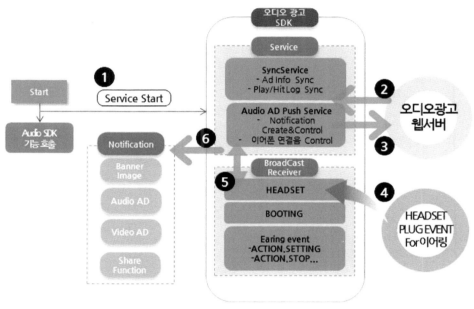

[오디오 AD SDK 기능]

① 오디오광고 API Sync 기능 : 광고리스트, 광고조건, 청취 로그, 알림 클릭 로그, SDK Config, 미디어 (음원, 배너) 실행
② 오디오 출력 장치에 음원 출력 기능 : 음원 재생
③ 시스템 커스텀 알림 기능 : 이미지 배너 및 콘텐츠(동영상, URL) 링크
④ 오디오 Push 커스텀 뷰 : 음원 Player(중지/재생), 미디어(음원, 배너) 공유, 비디오링크
⑤ 로그 통계 데이터 : 일자별, 주별, 시간대별, 매체별, 광고별
⑥ 이어폰 연결음 광고 처리

　SDK는 APPLICATION 단에 존재하는 APP 내에 탑재, Components 중 Service, BroadcastReceiver를 Intent로 Event를 전달, 안드로이드 Notification으로 생성 노출, Mediaframework를 사용 Sound 출력

[그림] 시스템 구성도 샘플

[그림] SDK 개발에 있어 프로세스를 그림으로 나타나고 플로우별로 번호를 매기고 설명하는 방식으로 개발내용을 제시할 수 있다.

② 기술개발 내용 세부 시스템 작성 샘플 2 : 메뉴구성도

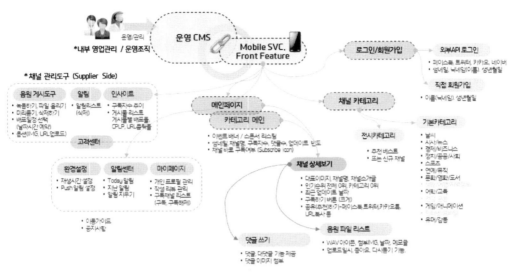

[그림] 앱 서비스 구성도

① 메인 메뉴 : 공급자가 등록한 오디오 콘텐츠의 랭킹에 따라 채널을 확인할 수 있음. 이용자가 채널을 구독할 수 있음. 채널/콘텐츠 등을 검색할 수 있음. 로그인할 수 있음. 다른 메뉴로 이동할 수 있음. 공급자는 채널관리 페이지로 접속하여 콘텐츠를 등록할 수 있음.
② 카테고리 : 오디오 콘텐츠의 주제별로 구분된 채널을 확인할 수 있음. 채널분야를 선택하면 관련 카테고리 유사 채널을 확인할 수 있음.
③ 알림메뉴 : 이용자, 공급자 모두 공지 및 고객의 반응에 대한 메시지를 확인할 수 있음. 신규 등록 콘텐츠 알림, 추천채널 알림, 댓글 알림, 좋아요 알림 등
④ 마이페이지 : 금일 청취할 수 있는 콘텐츠 리스트를 확인하고 청취할 수 있음. 회원정보를 갱신할 수 있음. 로그인 방법을 바꿀 수 있음.
⑤ 환경설정 : 개인별로 오디오 메시지 듣기설정에 대한 세팅을 할 수 있음.

[그림] 앱 메뉴 구성도 샘플

[그림]은 앱 개발 시 활용될 수 있는 일반적인 메뉴구성도이다. 앱 기능을 대메뉴 중심으로 구성하고 대메뉴별로 제공되는 하위 기능을 묶어서 그림으로 표현한다. 이때 메뉴별 관계선을 그려 어떻게 연동되는지를 보여주면 된다. 그리고 주요 메뉴가 제공하는 기능을 설명하면 좋다.

③ 기술개발 내용 세부시스템 작성 샘플 3 : 플랫폼 관리자 시스템 기능정의서

[표] back office 주요 기능 정의

주요기능	세부 기능	내용
통계관리	사용 통계	회원 수 집계, DAU/MAU 통계, 광고 송출 집계 날짜별 통계 결과 집계, 일별 추천인 현황 통계 사용자 성별/결혼 여부/지역/나이별 통계
시스템 환경설정	일반 환경 설정	약관, 개인정보취급 방침, 게시판 권한 등 일반 설정
	환경 설정	약관, 개인정보취급 방침, 이용안내 등록/수정 광고 송출 주기, 리워드 포인트 등 설정
회원관리	일반회원관리	전체 사용자 요약 현황 리스트 및 개인별 사용 현황 조회 기본 회원 정보 리스트 / 적립금 및 적립금 사용 현황
	업체회원관리	광고주 계정 등록 및 관리 기본 정보 조회 및 권한 설정
	캐시아웃관리	사용자 적립금의 환급금 관리
	광고소진여부확인	사용자별로 송출 대상 광고 조회 및 송출 건수 확인
게시판 관리	공지사항 관리	서비스 운영상 사용자에게 고지해야 할 사항 관리
	이벤트 관리	서비스 운영에 필요한 이벤트 관리
	Q&A 게시판	사용자가 문의사항을 질문하고 답변하는 게시판 관리
광고관리	광고 리스트	등록된 광고 리스트 조회, 진행상태/광고타입별 분류기능, 제목검색
	광고 등록/수정	광고주, 광고타입, 광고명, 설명, 기간, 횟수, 광고 콘텐츠, 타깃팅
	광고 집행 통계	광고 설정 정보 조회, 송출 내역 조회, 타깃별 광고 송출 분 석 통계 제공일자별 송출건수/배너 클릭 수/클릭률

[그림] 관리자 페이지 개발내용 샘플

대구분	구분	내용
Seller Mobile Web & Application	예약 및 공지알람	• 자신의 판매하는 상품이 판매되면 APP의 푸시를 통해서 알람 확인. • 플랫폼 관리자의 공지사항 등록 시 APP의 푸시를 통해서 알람 확인
	QR인식 사용처리	• 사용자에게 발행되는 바우처에 QR코드가 같이 발행되는데 그 QR코드를 리더로 인식하여 사용 처리를 자동화.
	예약관리	• 자신의 판매상품에 해당하는 예약관리 • 행사할 수 없는 날짜의 예약은 판매자의 권한으로 직권취소 처리
	정산관리	• 상품에 입력한 NET가를 바탕으로 받아야 할 내역과 기 받은 내역조회
Back Office	공지 커뮤니티	• 플랫폼 이용자들에게 공지사항과 등록관리, 공지사항 등록과 동시에 실시간으로 메일을 전송, 앱 푸시 데몬에게 데이터전달, 로그인 사용자들의 전달 게시판 제공
	상품관리	• 상품의 정보관리 및 일자별 금액 및 행사 개수관리, 상품의 판매 옵션정보 관리, 상품정보의 다국어 관리, 상품정보의 이미지 등록관리 • 상품의 일자별 NET, 판매가, 커미션, 판매상태, 최대인원의 일괄등록
	예약관리 시스템	• 실시간예약조회, 예약상세조회 및 바우처 관리, 문자보내기 • 고객취소요청관리, 예약취소 및 결제취소 처리
	정산관리	• 채널 수수료/대금정산 관리, 판매자 정산관리, 판매자 환불정산관리
	매출현황	• 채널별 매출현황, 판매자별 매출현황, 회사매출현황, PG거래현황
	통합 B2C 사이트	• 사이트별 카테고리 및 전시관리 (카테고리별 노출순서관리) • 사이트별 배너 및 상품배너 노출관리, 각종 게시판관리, 회원관리
	판매자/채널 등록관리	• 채널등록 및 사용자관리, 판매자 등록 및 사용자관리
Front PC Web/ Mobile Web/ Application	다국적 결제시스템	• 달러 화폐는 페이팔, 위안화 화폐는 알리페이, 국내사용자는 이니시스로 결제하게 처리하고 그 외 국가는 국제신용카드결제 처리함
	사용자언어 세팅 시스템	• 사용자 브라우저의 언어정보를 활용하여 언어에 따라 결정
	환율반영 가격변동	• 사용자의 언어정보에 따른 화폐단위로 변환해서 판매가가 실시간 결정

[그림] 사용자용 앱, 관리자용 앱, 백오피스 개발내용 샘플

개발내용을 표로 나타내는 케이스다. 보통 플랫폼이나 시스템이라는 명칭으로 개발하는 프로젝트에서 '주요기능, 세부기능, 내용'으로

구분하여 개발내용을 작성할 수 있다. 설명하고 싶은 내용이 많다면 표를 만들어라. 개발내용을 체계적으로 상세하게 보여줄 수 있는데 평가위원도 내용을 쉽게 이해할 수 있어 좋다.

④ 기술개발 내용 세부시스템 작성 샘플 4 : 개발된 산출물 목록

예상 결과물	내용
Jar 파일 (Class 모음)	OOO SDK 1.0.0.jar, google-http-client-1.18.0-rc.jar, google-http-client-gson-1.18.0-rc.jar, gson-2.3.jar, 리소스 (액션 아이콘)
SDK 규격서	설치 권장사항, SDK구성, 설치방법(퍼미션 설정, 서비스 및 리시버등록, 초기화 코드 추가 앱 실행 시 광고 및 로그를 서버와 싱크 할 수 있는 Activity 추가), 싱크방법(수동, 자동싱크), 브로드캐스트(광고 True listen, 설정), 기타 Class 레퍼런스 정의
광고 제작 가이드	서비스 초기의 광고 형태는 오디오/이미지/텍스트 3가지 형태, Push 이미지 규격 및 OS 대응(사이즈, 용량, 타입), 오디오 파일 규격 및 OS 대응(사이즈, 용량, 타입), 텍스트 규격(사이즈), 링크 규격(모바일 웹 링크, 마켓 링크, 앱 내 링크)

[그림] 개발 산출물 샘플

⑤ 기술개발 내용 세부시스템 작성 샘플 5 : 알고리즘

우선순위 결정 알고리즘 및 구현방법
광고 API 서비스는 모바일 광고 시스템으로서, 한 매체가 아닌 여러 가지 매체를 통해서 광고를 집행할 수 있도록 설계됨. 하지만 광고 API 시스템과 기존 모바일 배너 광고 시스템은 광고 노출하는 방법에 있어서 차이가 있음. 광고노출을 하는 방법의 차이로 앱 간 우선순위 결정로직이 필요하고 이를 해결할 방법이 필요함. 1) 다매체 우선순위 결정 기준 : 이용자가 먼저 설치한 기준 광고 API SDK를 탑재한 여러 가지 제휴 앱을 설치한 이용자가 이어폰을 연결한 경우, 그 경우에 광고는 어느 앱을 통해서 노출되는가? 이는 매체사의 수익성에 큰 영향을 미치기 때문에 공정하게 정할 필요가 있음. 여러 가지 제휴 매체 앱이 있을 수 있는데, 이용자가 이 중 가능 먼저 설치한 앱을 통해 광고가 노출됨. 2) 다매체 우선을 정하는 기술적 방법 가. 앱을 설치할 때 SDK는 서버로 개별 설치일자를 전송함. 나. 앱을 설치할 때 SDK는 서버에서 제휴 앱 리스트를 받아옴. 다. 앱을 설치할 때 SDK는 서버에서 설치된 제휴 앱 설치일자를 확인함 라. 앱을 설치할 때 SDK는 서버에서 자기 자신의 앱 설치일자와 제휴 앱 설치일자를 확인하고 우선순위를 받아옴. 따라서 서버와의 싱크를 통해서 설치할 매체 우선순위를 파악함. 마. 우선순위의 변경 : 우선순위 1위 매체가 삭제될 경우 자동으로 2순위 매체 앱으로 광고가 노출됨.

[그림] 알고리즘 설명 샘플

⑥ 기술개발 내용 세부시스템 작성 샘플 6 : 플로우차트

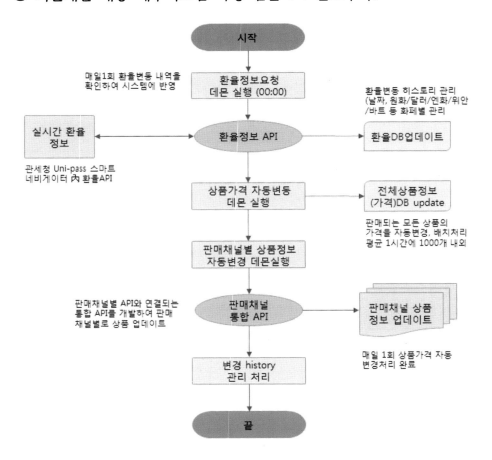

① 시스템은 매일 00:00시에 환율 정보 API를 통해 최신 환율정보를 수신
② 시스템에 일자별로 환율정보를 관리하는 환율 DB를 구축하여 업데이트 처리
③ 여행상품 관리 DB는 환율 DB와 키로 연결되어 있고 최신 환율정보가 반영된 가격정보를 받아 업데이트 처리(원화, 달러, 엔화, 위안화 및 여행국 화폐 적용)
④ 이후 오픈 마켓/쇼핑몰 상품통합관리 API를 실행하는 데몬이 실행되어, 변경된 가격정보를 제휴된 오픈 마켓별로 하나씩 하나씩 연동하여 상품정보를 자동으로 변경 처리
⑤ 상품가격정보가 판매채널별로 변동되면 변경 히스토리를 저장함.
⑥ 정상적으로 처리된 경우 프로세스를 종료(통상 처리시간은 상품 1000개 정도를 5개 사이트 전체에 적용하는데 2시간 내에 처리할 수 있도록 함)

[그림] 플로우차트 샘플

■ 사업계획서 샘플-10페이지

4.3 수행기관별 업무분장

수행기관	담당 기술개발 내용	기술개발 비중(%)
주관기관	o 신규 오디오 광고 시스템 및 서비스 프로세스 개발 　오디오 서비스 매체사와 시스템간 서비스 플로우 개발, 광고주와 시스템간 서비스 플로우 개발 ,오디오 광고 청취시 Push메시지가 함께 제공되는 광고 상품개발 o 특허기술 활용 오디오 광고물/부가광고물 형태 및 노출방법 개발 　오디오 광고물 type (포맷, 길이, 용량 등), 부가광고물인 Push 광고물 (배너 이미지, 포맷, 용량, 사이즈), URL첨부, 동영상첨부 조건 o 네트워크형 오디오 광고 SDK 개발 　SDK 규격서, 리소스파일 개발, API Sync 기능(광고리스트, 광고조건, 청취로그, 클릭로그, Config 등), 오디오 Play 관련 기능, 로그데이터 처리, 오디오 광고물 결합 커스텀 Push 기능(재생, 중지, 공유, 링크) o 오디오 광고 API 개발 　App Sync (System Config, 인증, 광고리스트 등) 　SDK 실행 로그 데이터 전송(Play, click, plug-in 등) o 오디오 광고 관리 Back-Office 개발 　광고DB 구축, 매체사/광고주 관리 시스템, 광고등록/수정/삭제, 환경설정 o 오디오 광고 리포팅 시스템 개발 　광고로그/리포트, 정산시스템	100%
공동개발기관	-	-
참여기업	-	-
위탁연구기관	-	-
수 요 처	-	-
외주용역처리	-	-
총 계		100%

4.4 세부 추진일정

세부 개발내용	수행기관 (주관/참여/ 위탁 등)	1	2	3	4	5	6	7	8	9	10	11	12	비고
1. 계획수립 및 자료조사	주관	■	■											기획
2. 전체 시스템요구사항 정의	주관	■	■											
3. 오디오 SDK 기능 설계	주관			■	■									설계
4. API 기능 설계	주관			■	■									
5. 광고관리자 시스템 설계	주관				■	■								
6. 리포트 시스템 설계	주관				■	■								
7. 서버 및 DB 구축	주관					■	■							구축/구현 코딩/개발
8. 오디오 SDK 디자인/코딩	주관						■	■						
9. API 디자인/코딩	주관						■	■						
10. 광고관리자 디자인/코딩	주관							■	■					
11. 리포트 시스템 디자인/코딩	주관								■	■				
12. 단위 테스트 & 통합테스트	주관									■	■			테스트 보고
13. TTA 공인 시험인증	주관										■	■		
14. 전체 수정 보완	주관										■	■		
15. 개발내역 문서화 처리	주관											■		
16. 보고서 작성	주관												■	

[그림] 수행기관별 업무부장 및 세부 추진일정

■ 업무분장과 추진일정은 '4.1 기술개발 최종목표' 내역과 동일

수행기관별 업무분장과 세부 추진일정은 두 가지 항목을 1페이지로 작성한다. 이 부분은 별로 중요하지 않다. 정부지원사업을 많이 수행해 봤지만 평가과정에서 수행기관별 업무분장 및 세부 추진일정과 관련해서는 별다른 코멘트가 없다. 성실하게만 작성하면 된다. 그래도 잘못 쓰면 평가의견에 '업무분장 내용이 모호하고 세부 추진일정의 실현가능성이 떨어짐' 이런 의견이 나올 수 있으니 주의하자. 아래 방법에 따라 작성하면 전혀 문제없을 것이다.

수행기관별 업무분장 내용은 4.1 기술개발 최종목표에 시스템 구성도 등과 함께 적었던 개발내용을 그대로 적으면 된다. 개발내용 모두 주관기관 단독으로 개발하는 경우 주관기관의 개발비중은 당연히 100%가 된다. 만약 참여기관이 있는 경우나 외주용역처가 있는 경우에는 정해진 비율만큼 써 넣으면 되는데 참여기관의 경우 최대 40% 수준이고 외주용역처리는 최대 10% 이내로 써 넣으면 된다. 외주용역처리 비율이 너무 높은 경우 감점요인이 된다. 개인적으로 가장 추천하는 방식은 주관기관 단독 개발 방식이다. 만약 참여기관이 있어도 최대 20%를 넘기지 마라.

샘플에 세부 추진일정을 보면 총 16단계로 되어 있다. 자세히 살펴보면 1~2단계, 12~16단계는 어떤 개발과제에도 적용되는 기본적인 항목이다. 1~2단계는 개발에 있어서 기획단계이고 12~16단계는 테스트와 보고단계이다. 이 7가지 단계는 고정으로 활용하고 나머지 3~11단계를 개발내용별로 줄여 쓰면 된다. 단계를 더 늘릴 필요는 없다. 추가로 작성해야 할 내용은 설계와 구현 부분이다. 이 부분도 수행기관별 업무분장에 적어 놓은 내용을 활용해서 작성하면 된다.

주요 연구 인력 & 연구시설·장비보유 및 구입현황

'주요 연구 인력 & 연구시설·장비보유 및 구입현황' 구성	
1. 중요도	주요 연구 인력 ★★ 주요 연구시설·장비보유 및 구입현황 ★
2. 페이지	주요 연구 인력 1페이지 (0.5페이지) 주요 연구시설·장비보유 및 구입현황 1페이지 (0.5페이지)
3. 세부항목	세부항목 없음

　　5. 주요 연구 인력과 6.연구시설·장비보유 및 구입현황은 각각 반 페이지씩으로 하여 총 1페이지로 작성한다.

■ 사업계획서 샘플-11페이지

5. 주요 연구인력

성 명 (구분)	경력사항			전 공 (학위)	최종 학력
	연 도	기 업(관) 명	담당업무/보유스킬		
홍길동 (과제책임자)			DB개발 서버개발	컴퓨터	OO대
김OO (핵심개발자)			JAVA iOS 개발	경영	대졸
이OO (핵심개발자)			서비스기획 시스템 분석설계	SW	고졸
박OO (핵심개발자)			디자인	디자인	OOO대
최OO (신규채용완료)			앱&서버 개발	컴퓨터 공학	대졸
신규청년 채용예정			DBMS개발	컴퓨터	무관
신규청년 채용예정			웹퍼플리싱	UI/XI	무관

6. 연구시설·장비보유 및 구입현황

구 분		시설 및 장비명	규 격	구입 가격* (백만원)	구입 년도	용 도 (구입사유)	보유기관 (참여형태)
기보유 시설· 장비 (활용가능 기자재 포함)	자사 보유	노트북PC	SET	15	2018	연구개발	우리회사(주관)
		데스크탑PC	SET	2	2018	웹서비스디자인	우리회사(주관)
		서버개발PC	SET	2	2018	인증서버개발	우리회사(주관)
		iPhone 6+	MG5W2LL/A	1	2018	스마트폰테스트	우리회사(주관)
		갤럭시 S6	SM-G920	1	2018	스마트폰테스트	우리회사(주관)
		Zeplin	Zeplin	1	2018	다자인	우리회사(주관)
		ProtoPie	ProtoPie	-	2018	다자인	우리회사(주관)
		Photoshop	Photshop CS5	1	2018	다자인	우리회사(주관)
		Illustrator	Illustrator CS5	1	2018	다자인	우리회사(주관)
		소계		25			
	공동장 비활용	소계					
신규 확보가 필요한 시설 장비	임차	DB서버	SET	12	2018	연구개발	IDC
		WEB서버	SET	12	2018	연구개발	IDC
		소계					
	구입	소계					

[그림] 주요 연구 인력 & 연구시설·장비보유 및 구입현황

■ 주요 연구 인력 양식 중 담당업무/보유 스킬 추가

주요 연구 인력 부분에서 개발가능성을 확인하고 사업비 중 인건비 비중, 신규채용계획 내용을 확인한다. 특히 최종합격할 때 이 부분을 잘못 쓰면 사업비가 삭감되는 경우가 많아 작성에 주의해야 한다.

주요 연구 인력의 경력사항을 보고 개발능력을 가늠한다. 따라서 주요 연구 인력을 작성할 때는 '개발능력이 뛰어나서 성공가능성이 높다'는 것에 초점을 맞춰야 한다. [그림] 주요 연구 인력 양식의 참고사항을 읽어보면 과제책임자, 핵심개발자(2인 이내), 참여기업 과제책임자 등 최대 총 4명만 적으라고 되어 있으나 개발자를 5~6명까지 넣어도 상관없다. 되도록 실제 참여하는 인력 모두를 넣어라.

5. 주요 연구인력

※ 주관기관의 과제책임자, 핵심개발자(2인 이내) 등 기입, 참여기업이 있을 경우 참여기업 과제책임자도 추가하여 작성

성 명 (구분)	경력사항			전 공 (학위)	최종 학력
	연 도	기 업(관) 명	근무부서/직위		
(과제책임자)	~ ~				
(핵심개발자)	~ ~				
(핵심개발자)	~ ~				
(참여기업 과제책임자)	~ ~				

[그림] 중소기업 기술개발 사업계획서 양식 중 '주요 연구 인력'

주요 연구 인력 양식의 '경력사항' 부분에 '근무부서/직위'로 되어 있는 부분을 [그림] 수정한 양식처럼 '담당업무/보유 스킬'로 변경하고 내용을 작성한다. 기본적으로는 양식을 바꾸면 안 되지만 양식 때문에 굳이 설명하기 부적절한 내용을 그대로 쓸 필요는 없다. 전체 사업계획서 양식에서 몇 가지 수정할 곳이 있는데 그중 한 곳이 이 부분이다.

사업에 참여하는 연구원이 어느 부서에서 무슨 직위로 근무하는 것은 그리 중요한 것이 아니다. 그것보다 어떤 경험을 했고 어떤 스킬이 있는지가 더 중요하고 그런 능력이 이번 사업과 어떤 연관이 있느냐는 것이다. 이 부분에서는 참여연구원의 능력이 뛰어나다는 것을 보여줘야 한다. 만약 근무부서와 직위가 그 능력을 표현할 수 있다고 생각한다면 양식을 그대로 활용해도 상관없다.

성 명 (구분)	경력사항			전 공 (학위)	최종 학력
	연 도	기 업(관) 명	담당업무/보유 스킬		
홍길동 (과제책임자)			DB개발	컴퓨터	OO대
			서버개발		
김OO (핵심개발자)			JAVA	경영	대졸
			iOS 개발		
이OO (핵심개발자)			서비스 기획	SW	고졸
			시스템 분석설계		
최OO (신규채용완료)			앱&서버 개발	컴퓨터 공학	대졸
신규청년 채용예정			웹퍼블리싱	UI/XI	무관

[그림] '주요 연구 인력' 표에서 경력사항에 담당업무/보유 스킬을 수정한 양식

■ 기획자, 마케팅, 영업자가 연구원으로 참여할 때 업무분장

담당업무 부분을 작성할 때 (해외)마케팅, 경영, 영업, 기획, 정산, 회계 등 개발과 관계없는 업무는 아예 적지 마라. R&D는 신기술, 신제품의 초기버전까지 개발하는 것을 목표로 한다. 마케팅, 영업, 기획 등의 업무를 보는 직원은 R&D 활동과는 거리가 있다. 굳이 그런 사람을 과제에 참여시키지 마라. 감점요인이 되고 합격된다하더라도 개발에 필요하지 않는 인력으로 인식되어 해당 인력 인건비는 전액 삭감된다.

하지만 초기기업의 직원들은 모두 일당백이다. 사람은 없는데 할 일은 많다. 그래서 '마케팅, 영업, 기획 담당자는 어떤 업무로 참여시켜야 하나요? 이 연구원들은 개발자가 아닌데요?'라고 묻는다. 나는 그런 직원들도 연구원이라고 생각한다. 새로운 제품이나 서비스를 개발할 때 제일 중요한 개발요구사항은 대부분 마케팅, 영업, 기획들이 제시한다. 고객의 요구사항을 수집하여 그 내용을 서비스 시나리오에 반영하게 되는데 그런 과정을 요구사항분석이라고 할 수 있다. 그들은 시스템을 구현하거나 구축하는(코딩하는) 일은 하지 않지만 제품을 개발하는 방향을 제시하는 업무를 하는 것이다. 넓게 보면 이런 부분이 전부 개발에 포함된다. 요구사항분석이야말로 가장 중요한 개발의 시작이다. 따라서 마케팅, 영업, 기획을 담당하는 직원이 연구원으로 참여할 때는 '서비스 기획', '시스템 분석설계' 등 개발의 일부분으로 쉽게 인식될 수 있는 담당업무로 적으며 된다. 그리고 실제 해당 업무에 참여하면 된다.

■ 가장 이상적인 개발 투입인력은 기존인력 3~4명 + 신규 채용 2명

기업에 경력이 풍부한 개발자가 많이 있다면 과제책임자를 포함해서 기존인력을 최대 6명 정도하면 좋다. 그런데 이제 막 시작한 초기기업은 1인기업도 있고 직원이 많아봐야 2~3명이다. 그럴 때는 기존인력 전원을 사업 참여연구원으로 등록해야 한다. 주변에서 1인 창조기업인데도 불구하고 정부 R&D 지원사업에 합격하는 것을 보긴 했으나 극히 드물다. 아무리 적어도 투입인원은 과제책임자를 포함해서 기존인력 3명과 신규인력 2명이 좋다. 기존 인력이 2명 이하면 개발 성공가능성이 낮아 보인다. 만약 인원이 2명 이하라고 한다면 소요예산을 작성할 때 정부지원 최대지원금을 신청하지 말고 인원에 맞게 적당히 낮춰 신청하는 것도 방법이다. 되도록 최소 3명 이상이 좋다.

사업비 소요 예산 명세표를 작성할 때 참여연구원들의 참여율은 10~20%로 낮게 책정하지 마라. 그런 경우에는 평가위원이 사업비를 검토할 때 이미 다른 정부지원사업을 많이 수행하고 있다고 판단한다. 또 참여연구원들이 여러 사업에 중복으로 참여하기 때문에 참여율이 낮다고 생각한다. 따라서 참여율이 낮으면 도움이 되지 않는다. 연구원들의 참여율은 50% 이상이 바람직하다. 특히 SW개발 분야라면 100%를 투입해도 문제될 것이 없다.

신규채용은 최소 2명보다 많아야 한다. 정부지원사업의 가장 큰 목적은 '고용창출'이라고 계속 언급했다. 그 부분을 확인하는 곳이 신규채용 부분이다. 신규채용이 많다면 반드시 도움이 된다. 실제로 평가위원 평가표에 고용창출 및 유지계획이 100점 만점 중에 20점이나 된다. 고용창출도 청년채용을 더 좋게 평가한다. 따라서 '주요 연구 인력' 양식 마지막 두 칸에는 '신규(청년)채용예정'이라고 써 넣어라.

신규채용 기준은 사업공고일 기준으로 6개월 이전에 뽑은 직원도 신규채용에 해당한다. 정규직, 비정규직도 상관없다. 전공이나 학력은 이공계가 있을 때 개발 성공가능성을 높게 본다. 최종학력의 경우, 고졸, 대졸, 대학원졸 등으로 기록하라고 되어 있는데 대학교명을 넣어도 상관이 없다. 이 부분은 어떤 것이 더 좋은지 알아서 판단하고 작성하길 바란다.

연구시설·장비보유 및 구입현황은 별로 중요하지 않다. 다만 기업에서 보유하고 있는 장비가 많으면 좋다. 따라서 사무용 OA관련 HW, SW를 제외하고 개발에 필요한 장비를 상세하게 기록하는 것이 좋다. 공동장비활용 계획은 안 써도 무방하고 신규확보가 필요한 장비는 신중하게 작성해야 한다. 신규 장비를 실제 구입하려고 할 때 사업비가 삭감되는 경우가 많다. 특히 개발용 컴퓨터, 개발용 노트북, 개발용 스마트폰은 거의 인정되지 않는다. 프린터 등 OA장비 또한 삭감대상이 된다. 웬만하면 신규 구입은 굳이 적을 필요가 없다. 임차의 경우는 인정을 해준다.

제7절

사업화 계획 작성방법

'사업화 계획의 내용' 구성	
1. 중요도	사업화 실적 ★ 국내·외 시장규모 ★★ 국내·외 주요시장 경쟁사 ★★ 제품화 및 양산, 판로개척 ★★★ 투자 및 판매계획 ★ 해외시장 진출계획 ★★★
2. 페이지	사업화 실적 12페이지 (분량 0.5페이지) 국내·외 시장규모 12~13페이지 (분량 1페이지) 국내·외 주요시장 경쟁사 13페이지 (분량 0.5페이지) 제품화 및 양산, 판로개척 14~15페이지 (분량 2페이지) 투자 및 판매계획 16페이지 (분량 0.5페이지) 해외시장 진출계획 16~17페이지 (분량 1페이지)
3. 세부항목	사업화 실적 국내·외 시장규모 　1)시장규모 <표> 　2)세계시장 규모 　3)국내시장 규모 　4)목표시장 국내·외 주요시장 경쟁사 <표> 제품화 및 양산, 판로개척 　1)제품화 계획 or 4P전략 　2)초기시장 침투전략 　3)마케팅 진행현황, 구매의향서 　4)기술개발 후 국내·외 주요판매처 현황 <표> 　5)SWOT분석 투자 및 판매계획 <표> 해외시장 진출계획 　1)해외마케팅인력, 조직, 해외시장 개척개요, 정부정책 활용 　2)향후 3년간 로드맵

사업성에 대해 개술기술의 개요 및 필요성, 차별성, 독창성 부분에서 핵심내용을 설명했다. 사업화 계획에서는 믿을 수 있는 근거자료를 통해 사업화 가능성을 증명해야 한다. 시장조사에서 수집한 수치화된 데이터와 비교표 등이 근거자료가 될 수 있다. 총 6가지 세부항목으로 이뤄져 있는데 초기시장 침투전략과 해외시장 진출 전략이 가장 중요하다고 할 수 있다.

■ 사업계획서 샘플-12, 13페이지

7. 사업화 계획

7.1 사업화 실적

사업화 품목명 (사업화 연도)	품목용도	품질 및 가격경쟁력	수출여부	판매채널 (온·오프라인)
관광정보센터 운영사업 (2018)	외국인 관광객 대상 Offline 고객응대 및 상품판매	OO공항, OO공항, OO역, OO역 운영(월간 50만 명), 철도티켓, 티머니, KR패스 판매, 관광상품/입 장권판매, 유심판매, 호텔/투어/공연 예약대행, 할 인쿠폰 배포대행 등	내수	OOO 관광정보센터
정품인증 베타서비스 (2018)	상품 위조방지	의류 브랜드에 케어라벨 형태 진품인식태그 제작 / 제공 봉제형태의 케어라벨형태로 제공되어, 태 그의 재활용 원천금지	수출 (50,500$)	의류 브랜드 직접 제안
기업용VR콘텐츠 (2018)	B2B기업 홍보 목적	품질 중상, 가격경쟁력 상	내수	전시회 홈페이지
모바일영수증 시범사업 (2018)	간편결제 전자영수증	결제기술	내수	정보통신부
멤버십 영화예매시스템 (2018)	SW개발	고객 서비스를 위한 영화 예매 시스템으로 국내 시장에서 개발 경쟁력 등 품질 수준 우위	내수	멤버십 서비스 활용

7.2 국내·외 시장규모

<표> 현재 및 미래의 국내외 시장규모 _ VR콘텐츠 분야

구 분	현재의 시장규모(2017년)	예상 시장규모(2020년)
세계 시장규모	20억 달러	500억 달러
국내 시장규모	1,346억 원	2,774억 원 (27.3% 성장률)
산출 근거	세계) TrendForce Insightors TI 최솔지 컨설턴트 리포트(2017.2) 국내) 한국산업기술진흥원, AR/VR산업 동향 및 기술전략보고서(2017.11)	

<세계시장>

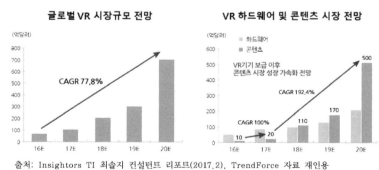

TrendForce에 따르면, 전 세계 VR 시장은 2016년부터 VR기기가 보급됨에 따라 67억 달러 규모에서 연평균 성장률(CAGR) 77.8%을 보이며, 오는 2020년까지 약 700억 달러 규모에 달할 전망. 또한 AR/VR 시장은 2018년을 기점으로 VR기기(하드웨어) 보급 중심에서 콘텐츠 보급 중심의 시장으로 변화할 추세.

출처: Insightors TI 최솔지 컨설턴트 리포트(2017.2), TrendForce 자료 재인용

[그림] 사업화 실적 및 시장규모

<국내시장>

구분	2015년	2016년	2017년	2018년	2019년	2020년	CAGR
HW & System	8,805	12,678	18,255	26,286	37,848	54,497	40.6%
Content	831	1,057	1,346	1,713	2,180	2,774	27.3%
Total	9,636	13,736	19,601	27,998	40,028	57,271	39.7%

출처: 한국산업기술진흥원, AR/VR산업 동향 및 기술전략보고서(2017.11), 억원

국내 AR/VR 시장은 2016년 1조 3,735억 원 규모에서 42.9%의 연평균 성장률(CAGR)을 나타내며 2020년에는 5조 7,271억 원 규모에 이를 것으로 전망되나 삼성, LG 등으로 인해 모바일 중심의 하드웨어 시장이 깊게 뿌리박혀 있어 향후 글로벌 추세와는 다르게 콘텐츠 보급이 미약할 것으로 예상.

<목표시장> 기업용 VR콘텐츠 시장 (2019년 목표 10억 원)

(단위 : 억원)

구분	2017년	2018년	2019년	2020년	성장률
VR콘텐츠시장 전체	1,346	1,713	2,180	2,774	27.3%
BIZ,프로모션 니치마켓 (전체 시장의 10% 추정)	134	171	218	277	상동
당사 마켓 점유율	-	3%	5%	10%	
목표 매출 규모	-	5	10	27	
(추정근거) 1. VR콘텐츠 영역 : 게임, 헬스케어, 스포츠, 영화, 교육, 여행, 성인, 애니메이션, 쇼핑, 군사, 산업 및 프로모션, 광고영상 분야 등 다양한 분야의 콘텐츠 영역 확대 2. Digi-Capital(2015) 자료에 따르면 전체 VR분야 콘텐츠에서 게임/영화 등이 가장 많은 비율을 차지하고 AR분야에서 BIZ관련 컨텐츠 5% 내외, VR분야에서 니치마켓 5% 합계 10% 예측하고 있음.					

VR콘텐츠 전체 시장에서 게임/의료/영화분야 콘텐츠 시장이 60% 이상 넘을 것으로 추정되고 그 외 기업용 콘텐츠와 프로모션 등 니치마켓 시장이 10%로 예측됨. 따라서 전체 VR콘텐츠 시장 중 기업용 VR콘텐츠 시장규모 2018년 171억원, 2019년 218억원, 2020년 약 277억원 시장이 형성될 것으로 예측됨. 과제 종료 후 2019년 시장점유율 5% 기준으로 10.9억원, 2020년에는 시장점유율 10% 기준으로 27.7억원 국내매출을 목표로 함.

7.3 국내·외 주요시장 경쟁사

<표> 국내외 주요시장 제휴/경쟁 대상

주요제휴대상	제품명	판매가격(백만원)	연 판매액(백만원)
P사	15초 프리롤	건당 20원	2,000
S사	20초 오디오광고	월정액 500만원	2,000
M사	20초 오디오광고	월정액 500만원	1,000
팟캐스터제작자	40초 오디오광고	회당 50-80만원	4,500
당사	**30초 오디오 광고**	**건다 20원**	**1,000 (목표)**

현재 국내에서 오디오 광고상품을 플랫폼에 적용하여 판매하는 곳은 P사와 S사, M사 등3개가 있으며, 팟캐스트용 컨텐츠를 공급하는 개별 팟캐스터들이 직접 광고상품을 판매하고 있음. **이들은 경쟁상대가 아니라 "모바일 오디오 광고 솔루션"을 활용할 수 있는 제휴처나 협력사로 관계로 발전시킬 가능성이 더 크다고 할 수 있음.**

[그림] 시장규모 및 국내·외 주요 시장 경쟁사

■ 사업화 실적 : 기업, 대표자, 핵심멤버의 경험을 강조

사업화 실적은 양식에서 '최근 5년간 내수, 수출실적을 주력상품 위주로 작성하라'고 되어 있다. 만약 내수가 발생하고 해외수출까지 달성한 기업이라면 해당 내용을 '사업화 실적'으로 그대로 적으면 된다. 그러나 초기기업은 수출은 고사하고 내수도 없는 경우가 대부분이다. 따라서 사업화 실적에 적을 내용이 없다. 하지만 절대로 빈칸으로 제출하면 안 된다. 사업화든 기술개발이든 무엇이든 '경험'이 많다는 것을 보여줘야 한다.

① 사업화 경험이든 기술개발 경험이든 관계없다. 무조건 적어라.

개발경험을 넣어도 상관없다. 또 그것이 성공했는지 못했는지도 중요하지 않다. 내세울 수 있는 경험이 있다면 모두 적어라. 되도록 현재 개발하는 아이템과 관련성이 높으면 좋지만 낮아도 상관없다. 모두 적어라.

② 기업이 아닌 대표자 개인 또는 핵심멤버의 경험이라도 상관없다.

기본적으로 기업의 사업화 실적을 적는 것이다. 하지만 초기기업은 사업화 실적이 거의 없다. 그럴 때는 대표자와 핵심멤버의 사업화 경험을 적어라. 그리고 '품질 및 가격경쟁력'란에 '(대표자 OOO)'이런 식으로 쓰면 된다. 초기기업에 있어서, 대표자와 핵심멤버의 경력과 경험은 기술력과 사업 성공가능성을 판단하는 중요한 근거가 된다.

③ 많으면 많을수록 좋다. 적다면 부연설명을 상세하게 작성하라!

사업화 실적이 많으면 많을수록 좋다. 하나보단 두 개, 두 개보단

세 개가 낫다. 사업화 실적이 많은 것이 낫다. 사업화 실적에 도저히 적을 내용이 없더라도 최소 3개는 적어라. 그리고 부연설명을 상세하게 해라. 실적과 경험이 풍부해 보이는 것이 좋다.

④ '수출여부'는 '있다', '없다'가 아니라 '수출' 또는 '내수'로 적는다.

사업화 계획에 '수출여부'를 적는 칸이 있다. 보통 '여'나 '부'로 적어야 하는데 수출실적은 별로 없기 때문에 대부분 '부'로 적어야 한다. 그런데 그 칸에 대부분 '부'로 적게 되면 괜히 이미지가 부정적으로 보이게 된다. '부' 대신 '내수'라 적는 게 낫다.

⑤ 판매채널이 없다면 '고객' 또는 '제휴사'로 작성해라.

판매채널이라면 온라인, 오프라인 매장을 말하는데 기술, 솔루션, 시스템 등의 판매채널로 딱히 생각나는 것이 없다면 고객이나 제휴사를 판매채널로 써도 된다.

■ 목표시장은 직접 정의한 추정시장

국내·외 시장규모에서 중요한 것은 출처다. 그리고 시장규모가 너무 적으면 안 된다. 국내 시장규모는 현재 100억 원, 향후 500억 원 이상이면 무난하다. 시장규모가 너무 적으면 개발내용이 하찮아 보일 수 있고 시장규모가 너무 크면 시장에서 아이템의 성공가능성이나 신빙성이 낮아 보일 수 있다.

① 먼저 상위 시장규모를 찾아라.

현재 개발하고 있는 제품의 시장규모를 찾기 위해 계속 검색을 해보지만 공신력 있는 기관에서 발표한 시장규모 자료가 없을 것이다. 당연히 그럴 것이다. 국내최초로 개발하는 새로운 아이템이기 때문에 시장도 규정되지 않았을 것이다. 이럴 때는 개발하는 아이템을 포괄하는 한 단계 상위 시장자료를 찾아서 활용해야 된다. 보통 TAM, SAM, SOM을 활용해서 목표시장 규모를 추정하기도 한다.

목표시장의 상위 시장자료는 웬만하면 인터넷에서 찾을 수 있다. 통계기관, 연구기관의 연구보고서 등 학술자료와 뉴스기사에서 시장 규모 자료를 찾을 수 있다. 상위 시장으로 올라갈수록 더 많은 자료를 찾을 수 있다. 여러 가지 시장자료 중에서 사업 논리를 설명하기에 가장 유리한 시장자료만 인용하여 활용하면 된다.

│ 부연설명 │

TAM(Total Addressable Market) : 카테고리 전체 시장
SAM(Served Addressable Market)) : 유효시장_점유율 100%를 달성했을 때 시장
SOM(Serviceable Obtainable Market): 수익시장_실질적으로 시장에 침투하여 매출이 발생하는 시장

---

② 목표시장을 정하고 논리적으로 시장규모를 추정하라!

목표시장이야말로 제대로 시장을 분석했다는 근거가 된다. 목표시장은 아이템이 초기에 침투할 수 있는 시장으로 객관적 데이터를 활용하여 논리적으로 추정해야 한다. 조사한 시장자료를 바탕으로 목표시장을 직접 정의하여 상위 시장의 연평균 성장률, 사업관련자 인터뷰, 뉴스기사 등을 근거로 현재 시장규모를 추정한다. 현재 시장규모를 추정한 후 과거 해당 산업 연평균 성장률 데이터나 예측된 성장률 데이

터를 찾아 미래 시장규모를 예측한다. 그리고 각 연도별 목표 점유율을 기업에서 직접 정하면 연도별 매출 목표가 완성된다. 기업에서 정하는 목표 점유율도 나름대로 근거를 제시하는 것이 좋다.

[표]와 같이 예를 들면 VR 콘텐츠 시장에서 '기업용 VR 콘텐츠'로 세분된 시장규모는 조사된 것을 찾을 수 없다. 그 시장을 추정하기 위해 VR 콘텐츠 전체 시장규모를 찾아낸 후, 그중 연구보고서 등에 언급된 BIZ/니치마켓 VR 콘텐츠 제작 비율 10%를 근거로 하여 '기업용 VR 콘텐츠' 현재 목표시장 규모를 추정하고 연평균 산업성장률을 곱하여 연도별 목표시장 규모를 산정할 수 있다. 그리고 그 목표시장에 대해서 연도별로 시장 점유율 목표를 정하여 목표매출을 산출해 낼 수 있다.

<목표시장> 기업용 VR콘텐츠 시장

(단위 : 억 원)

구분	2017년	2018년	2019년	2020년	성장률
VR 콘텐츠 시장 전체	1,346	1,713	2,180	2,774	27.3%
비즈마켓 & 니치마켓 (전체 시장의 10% 추정)	134	171	218	277	상동
당사 목표 점유율	-	3%	5%	10%	
목표 매출 규모	-	5	10	27	

(추정근거)
1. VR 콘텐츠 영역 : 게임, 헬스 케어, 스포츠, 영화, 교육, 여행, 성인, 애니메이션, 쇼핑, 군사, 산업 및 프로모션, 광고 영상 분야 등 다양한 분야의 콘텐츠 영역 확대
2. Digi-Capital(2015) 자료에 따르면 전체 VR 콘텐츠에서 게임/영화 등이 가장 높은 비율을 차지하고 있고 비즈마켓 콘텐츠 5%, 니치마켓 5% 합쳐 10% 예측하고 있음.

VR 콘텐츠 전체 시장에서 게임/의료/영화분야 콘텐츠 시장이 60% 이상 넘을 것으로 추정되고 그 외 기업용 콘텐츠와 프로모션 등 니치마켓 시장이 10%로 예측됨. 따라서 전체 VR 콘텐츠 시장 중 기업용 VR 콘텐츠 시장규모는 2018년 171억 원, 2019년 218억 원, 2020년 약 277억 원 시장이 형성될 것으로 예측됨. 과제 종료 후 2019년 시장점유율 5% 기준으로 10.9억 원, 2020년에는 시장점유율 10% 기준으로 27.7억 원 국내매출을 목표로 함.

[그림] 목표시장 추정 및 작성 샘플

■ 경쟁사는 없다. 경쟁사가 아니라 고객이며 제휴대상

사업계획서의 양식대로라면 경쟁사를 분석해야 한다. 경쟁사 분석은 하되 경쟁사가 없다고 써라. 차별화되고 독창적인 제품을 국내최초로 개발하는데 어떻게 경쟁사가 있을 수 있나? 경쟁사는 없다. 경쟁사가 아니라 제휴, 협력대상 기업이다. 먼저 [표]에서 '경쟁사'는 '제휴협력사' 또는 '제휴대상'으로 바꿔라. 경쟁사와 차별화된 새로운 제품은 경쟁사에서도 필요로 할 것이고 어쩌면 그 경쟁사가 새로운 제품을 훨씬 잘 팔 수도 있을 것이다. 제품을 개발해서 경쟁사라고 생각하는 기업과 미팅을 해라. 그것이 사업화에 더 도움을 줄 수 있다.

[표]에서 판매가격이나 연판매액도 다른 항목으로 바꿔도 상관없다. 판매가격이나 연판매액을 '장점/단점', '특징', '고객층', '시장목표' 등으로 바꿔도 된다. 평가위원에게 알리고 싶은 것은 우리 제품의 장점이지 경쟁사의 장점이 아니다.

<표> 국내·외 주요시장 여행관련 서비스 : **본 서비스의 제휴대상**

구분	회사명	서비스명	서비스 채널	비고
해외	벡스트래블코리아	Expedia	모바일&웹/앱	여행前 호텔, 항공, 렌트카 중심
	트립어드바이저	tripadvisor	모바일&웹/앱	여행前 호텔, 맛집, 관광지 커뮤니티 중심
	호텔스컴바인	HotelsCombined	모바일&웹/앱	여행前 호텔예약 중심
국내	트래볼루션	서울PASS	모바일&웹/앱	서울21곳 관광지 프리패스/교통카드 판매
	트레이지	트레이지	모바일&웹	외국인 대상 관광 상품 판매 연계
	펀타스틱코리아	펀타스틱코리아	모바일&웹/앱	외국인 대상 관광 상품 판매 연계
	신화국제	한유망	모바일&웹/앱	중국 여행객 대상 여행정보 제공
	서울나비닷컴	서울나비	모바일&웹	일본 여행객 대상 여행정보 제공
	레드테이블	레드테이블	모바일&웹	중국 여행객 대상 레스토랑 정보제공

당사 서비스는 방한 외국인 자유여행객이 한국에 도착하여 출국할 때까지 여행中에 한국에서 꼭 필요한 정보와 편의 서비스만 모아 통합적으로 제공하는 모바일 서비스이고, 여행객 대상 서비스/상품을 판매하고 제휴협력사의 사이트를 홍보해주는 게이트웨이 역할을 하는 서비스로 위 사업자들과 경쟁사가 아닌 제휴 협력관계로 발전할 것임.

[그림] 국내·외 주요시장 경쟁사 작성 샘플

위 [표]는 여행서비스 사업자의 국내·외 경쟁 서비스 현황을 표로 나타낸 것이다. 경쟁사를 분석했지만 경쟁사가 아닌 제휴대상으로 설명하고 있다. 경쟁사/협력사 정보를 [표]로 만들 때는 3~4개만 쓴다.

대기업은 절대로 경쟁사가 아니다. 실제 제품을 정의할 때 대기업 제품과는 경쟁하는 구도로 만들지 마라. 초기기업이 대기업과 경쟁한다고 하면 어려울 것으로 생각한다. 설령 개발하는 제품이 대기업과 직접적으로 경쟁한다고 하더라도 정부지원사업 사업계획서의 경쟁분석에는 그 내용을 자랑하지 마라. 이번에는 잠깐 대기업 이야기를 접어 둬라. 평가위원은 대기업하고 경쟁한다는 것만으로도 성공가능성이 낮다고 판단할 것이다.

■ 사업계획서 샘플-14, 15, 16페이지

7.4 제품화 및 양산, 판로개척

<제품화 계획>

구분	내용	비고
SDK 제품구성	1) [문서1] 모바일 오디오 광고 SDK 서비스 소개서 2) [문서2] 모바일 오디오 광고 SDK 연동규격서 3) [라이브러리] 네트워크형 모바일 오디오 광고 SDK (jar) 　[리소스] 커스텀 레이아웃 및 아이콘,[API 통신 포맷 라이브러리] (jar), 샘플소스	매체사 제공용
Back-office 제품구성	1) 광고매체 관리 시스템, 광고물 등록 관리 시스템 (운영사용) 2) 광고 리포팅 시스템 (광고대행사용→광고주 전달), 광고비 수익 정산 시스템	매체사용 광고주용
서버	자체서버를 구성하여 Back-office를 개발하여 운영	
제품용도	1) 모바일 오디오 콘텐츠 사업자의 오디오 광고 공급 플랫폼 2) 광고주에게 기존 라디오 광고 대비 효율성이 높고 정확한 리포팅을 제공	

<마케팅 전략>

구분	내용	비고
초기 시장침투	1) 오디오 광고 기능 베타테스트 　당사가 개발하고 운영하는 OOO앱에 탑재 하여 시장테스트 2) 인스트림고 : 국내 1개 라디오앱과 제휴하여 베타진행	베타 테스트
매체사 영업/제휴	1) 오디오 분야 매체사 채널 - 음악 & 오디오 분야 앱 약 100여종 　가. 팟캐스트 (팟빵, 팟티, 오디오클립, 더블팟, 올캐스트 등) 　나. 디지털 라디오 (콩, 고릴라, 미니, 라디오팟, 한국FM 등) 　다. 뮤직 (노래방, 뮤직플레이어, 무료음악 등) 2) 제휴 채널 - 모바일 쇼핑, 커머스 분야 　외부의 모바일 광고물량을 이용하기 보다는 자체 모바일 광고 Tool로 활용 가능한 　제휴 대상 제안	상용화
광고주 영업	1) 광고주는 국내 모바일 미디어렙사 제휴하여 확보 　나스미디어, 인크로스, 메조미디어, 작시스, DMC미디어, 크로스미디어	매우 용이
광고비 정책	1) 광고상품별 광고비 (저렴하고 합리적) 　가. 프리롤 광고 : 15초 - 30초 - 15초 완청기준 20원 　나. Push 광고 : CPC - Push 클릭당 50원 　다. 징글 광고 : 5초-10초 - 노출당 10원 2) 매체사와의 수익쉐어 　가. 매체사 : 광고대행사 : 운영사 = 50% : 20% : 30% 　나. 서비스운영사 : 시스템 운영사 = 20% : 10%	일반적 모바일 상품가격

<초기시장 침투전략>

o 초기시장 대상 : OOO 가장 유력

　현재, 당사와 제휴되어 있는 OO기업으로 OO서비스를 제공하고 있는데(또는 OO제품을 판매하고 있는데) 이번에 개발하고자 하는 기능을 탑재하고자 하며 베타테스를 진행할 수 있음. 서비스 초기에 OO만 명 이상 초기고객 확보가 가능.

　추가적으로 제휴가 가능한 기업 : OOO, OOO, OOO

[그림] 제품화 계획, 마케팅 전략, 초기시장 침투전략 작성 샘플

o 초기 프로모션 계획 : 6개월 무상서비스

사업초기 최초 6개월간 무상 제공하고 최대 5개 고객사까지 적용. 프로모션 기간에는 서비스의 테스트 기간 성격으로 무상제공하고 계속 이용 시 프로모션 참여기업대상 1년간 50% 할인제공

o 홍보마케팅 방법 : 전시회, e-mail

주요 거래처 e-mail로 제품소개서 및 서비스소개서 전송, 직접 미팅 진행, 전시회 참여를 통한 제품홍보 및 고객확보

o 중규모 사업자 영업 계획 : 중규모 사업자 중 3곳

초기 사업을 위해서는 국내 오픈마켓 등에 OOO 판매하고 있는 OOO를 조사하여 사업을 제안하고자 함. 현재 주요 오픈마켓에서 판매하고 있는 리스트는 대규모 사업는 OOO, OOO, OOO, OOO 등 중규모 사업자는 OOO, OOO, OOO, OOO 있음. 이중 중규모 OOO 기업은 새로운 제품과 솔루션으로 차별화된 마케팅 방법과 운영비용 절감에 대한 니즈가 강함.

o 마케팅 진행 현황

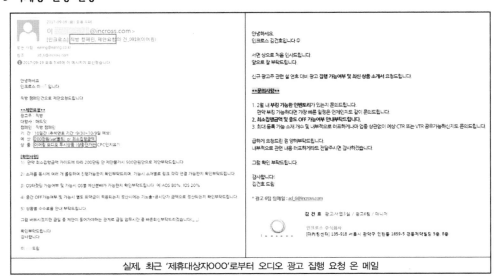

실제 최근 '제휴대상자OOO'로부터 오디오 광고 집행 요청 온 메일

관련하여 이미 OOOO어와 OOOO에는 광고 모바일 광고 상품 및 서비스를 소개하였음. 최근 제휴사업자인 OOOO로부터 오디오 광고 집행관련 요청을 접수하였음. 광고주는 "OO"이며, 테스트 광고비로 200만원을 책정하여 광고를 집행하고자 하는 메일을 접수 받았음.

뿐만 아니라, 오디오 광고 관련하여 OOO 관계자와 미팅을 하여 소개한 사실이 있으며, OOO 관계자의 경우, 해당 솔루션을 통해서 독점적으로 제휴하여 사업을 추진해 보자는 의견도 제시하였음. 이는 OOO에서도 모바일 오디오 광고에 대한 시장성을 긍정적으로 평가하고 있는 방중이며, 향후 다양한 솔루션에 대해서도 많은 관심을 보일 것으로 예상 할 수 있음.

[그림] 초기시장 침투전략, 마케팅현황 작성 샘플

<표> 기술개발 후 국내외 주요 판매처 현황 – 미디어렙사(광고대행역할)

제휴처 (미디어렙사)	국가 명	판매 단가 (천원)	예상 연간 판매량(개)	예상 판매기간(년)	예상 총판매금 (천원)	관련제품
nasmedia	대한민국	2,000	200	5	2,000,000	오디오광고대행
incross	대한민국	2,000	150	5	1,500,000	오디오광고대행
XAXIS	대한민국	2,000	100	5	1,000,000	오디오광고대행
CROSSMEDA	대한민국	2,000	100	5	1,000,000	오디오광고대행
DMCMEDIA	대한민국	2,000	50	5	500,000	오디오광고대행
MezzoMedia	대한민국	2,000	50	5	500,000	오디오광고대행
기타		2,000	400	5	4,000,000	
합계		2,000	1,050	5	10,500,000	

※ 광고단가 근거 : 평균 광고의뢰비 건당 200만원 산정(실제 광고요청 접수에 따른 근거)
　　미디어렙사 제휴순으로 예상 판매건수 목표치 설정
※ 오디오 광고상품의 판매 가능성 확인-"미디어렙사로부터의 광고요청접수"

\<SWOT 분석\>

내부환경 외부환경		강점(S) · 오디오 광고 기술 특허기술 　확보 및 선행기술의 검증결과 확보 · KT/LGU+ 프로젝트 참여 경험	약점(W) · 오디오 광고 기술 초기진입 · 오디오 콘텐츠 서비스 경험부족
기회 (O)	· AI음성기반 서비스 확대 · 팟캐스트 등 오디오 서비스 　성장	(SO) · 핵심기술 확보 및 대기업 프로젝트 경험을 통해, 상용화 가능한 솔루션을 안정적으로 개발하여 대기업/중소기업 제휴를 통해 시장확장	(WO) · 오디오 콘텐츠 사업자와 제휴모델 상생모델을 꾸준히 발전 시켜 관련 생태계조성에 기여
위협 (T)	· 초기 시장 태동단계	(ST) · 시장초기 단계로, 빠른 개발/베타테스트 및 유연한 대처를 통해 초기시장 선점	(WT) · 제휴를 통한 시장 확대 및 관련 업계 동반 성장을 위해 초기 프로모션을 추진하여 시장확대에 주력

[그림] 판매처 현황 및 SWOT 분석 작성 샘플

■ 제품, 서비스의 판매가능성이 높다는 것에 집중

제품화 및 양산, 판로개척 부분에서는 '돈을 빨리 벌 수 있다.'라는 가능성을 보여 준다. 제품을 구매할 고객이 확보되어 있고 필드테스트가 가능하며 최대한 빨리 매출을 발생시킬 수 있다는 것을 증명해야 한다.

제품화 및 양산, 판로개척 부분은 2~3페이지 분량으로 작성한다. 작성요령에 나와 있는 제품화, 양산, 판로개척 항목에 따라 작성하지 않아도 된다. SW와 같이 양산할 수 없는 제품이나 서비스도 많다. 먼저 제품화 부분은 <제품화 계획/4P전략>으로 하여 제품의 정의, 가격, 판매방법, 프로모션 등과 관련된 부분을 표로 작성해라. 이 부분에서는 제품이 어떤 형태로 판매되고 가격은 어느 정도인지 그리고 어떤 경로로 판매되고 초기 마케팅은 어떤 형식으로 할 것인지 간단하게 설명한다. [그림]은 여행 앱 및 VR 솔루션 개발의 제품화 계획 샘플이다.

구분	내용	비고
제품	OOO에서 OOO 여행정보센터를 방문하고 도심으로 진입하는 연간 OOO만 명 외국인 자유여행객을 대상으로 입국에서 출국 때까지 관광정보 및 편의 서비스를 제공하는 필수 앱	여행 앱
유통	① OOO 여행정보센터에서 월 OO만 명 대상 홍보 가능 OO 여행센터(월 OO만 명) / OOO (월 OO만 명) ② Offline 접점에서 앱 다운로드 유도, 고객획득비용이 저렴	연간 100만 이용자 확보 (핵심강점)
가격	① 서드파티 OTA서비스 입점에 따라 상품거래 수수료 5% ② 광고 입점수수료 : 건당 100만 원, 월간 20건 가능 ③ 편의 서비스 판매 매출 : 건당 2만 원, 월간 10,000건 가능	2020년 10억 원 매출 목표
판매 촉진	① 앱은 무료이며, 앱 내 다양한 정보서비스 제공 ② 제휴사업자의 마케팅 목적과 결합하여, 다운로드 시 할인권 제공 이벤트 등을 통해 이용자 확보 예) 제휴사의 광고 사업 모델로 대행 수수료를 제휴사로부터 수령하고 있음	수익쉐어

[그림] 제품화 계획/4P전략 작성 샘플

제품화 계획을 작성하고 수익모델을 제시한다. 수익모델은 간단하게 표로 만들어서 보여줄 수도 있고, 그림을 그려서 설명할 수도 있다. [표]와 같이 수익이 발생하는 모델을 제시하고 월정액, 건당 수수료 등 어떤 상품으로 수익을 창출할 수 있는지 명확히 보여줘야 한다. 복잡하게 설명할 필요 없다. 예를 들어 10,000원에 판매하고 300원은 중계수수료, 300원은 영업대행료, 400원은 순매출, 이런 식으로 명확하게 설명한다.

수익구분	가격/요금	대상	비중	내용
시스템 월정액 사용료	월정액 5만 원	○○원	80%	모바일 시스템 이용료 수익
	월정액 3만 원	○○원		
	월정액 10만 원	○○원		
대리점 수수료	거래금액의 0.2%~0.3%	제휴처	20%	고객 유치에 따라 영업대행수수료 명목으로 제휴사가 거래건별로 당사에 지급하는 대리점 수수료 수익

[그림] 수익모델 작성 샘플

■ 사업화방안의 핵심 : 초기시장 침투전략

사업계획서 양식에는 초기시장 침투전략이라는 별도의 항목은 없는데 꼭 만들어야 한다. 이것은 '어떻게 팔 거냐?'에 대한 가장 명확한 대답이고 평가위원이 가장 궁금해 하는 것 중 하나다. 판매계획을 뜬구름 잡듯 장황하게 설명하는 기업이 많은데 심플하게 설명해야 한다. 간단히 말해서 초기시장 침투전략은 개발한 제품을 누구(판매할 대상)한테 팔 것인지, 왜 그 고객을 선택했는지를 설명하면 된다.

처음으로 판매할 대상에게 수익모델과 4P전략에 따라 프로모션을 통해 제품을 판매하겠다는 것이 초기시장 침투전략이다. 기업에서 이미 판매할 제휴처를 확보했을 수도 있고 개발제품에 미리 관심을 갖는 기업들이 있을 수도 있다. 아니면 시장분석을 통해 초기 판매가 가능한 고객군을 발견했을 수도 있다. 기업 내 다른 아이템에 결합하여 판매할 수도 있다. 제휴사, 관심기업, 미래고객에 대한 생각을 정리하여 가장 먼저 쉽게 사업화할 수 있는 대상을 선정하고 마케팅 방법을 정리하면 초기시장 침투전략이 완성된다.

① 구매의향서를 받아라.

초기시장 침투전략을 완성하는 신뢰할 수 있는 문서가 구매의향서다. 현재 개발하고 있는 제품에 대해 기존 거래처 등으로부터 구매의향서를 받으면 매우 유리하다. 제품의 판로가 있다는 것을 확실하게 설명할 수 있다. 구매의향서가 구매계약서와 같은 효력은 없지만 사업계획서 작성할 때는 매우 중요하다.

MOU 같은 문서라도 고객기업의 대표자에게 사인을 받는 것은 쉽지 않은 일이니 공을 들여야 한다. 해당 양식은 인터넷에 찾아보면 매우 많이 나오니 참고하면 된다. 기존 고객이나 새로운 거래처와 제휴관계를 맺을 때 부탁해서 구매의향서를 받아보자.

구매의향서(Letter of Intent)

1. 공급기업

기 업 명	
주 소	
담 당 자	
전화 번호	
E-mail	

2. 수요기업(구매의향 기업)

기 업 명	
주 소	
담 당 자	
전화 번호	
E-mail	

3. 구매희망 제품, 서비스, 솔루션

(단위 : 원)

구분	제품, 서비스, 솔루션 / 구매 조건	금 액
합계 (VAT별도)		

위와 같이 귀사 제품에 대해 구매의향서를 제출합니다.

2019년   월   일

수요기업명 :

대 표 자 :   (인)

[그림] 구매의향서 샘플

② 고객과의 e-mail을 캡쳐해라.

구매의향서가 구매 강제성이 없어도 기업 간 신뢰를 나타내는 문서이기 때문에 웬만한 관계가 아니고서야 사인을 받는 것도 어렵다. 담당자에게 승낙을 받아도 윗선에서 어떻게 처리할지 모른다. 이럴 때는 e-mail을 활용할 수 있다.

고객과는 많은 e-mail을 주고받는다. 보통 e-mail로 신제품도 소개하고 미팅 어레인지도 한다. 그런 와중에 고객사가 e-mail로 신제품 구매 문의를 할 수도 있다. 아니면 설명을 위해 방문을 요청할 수도 있다. 특히 해외 고객과는 e-mail로 먼저 정보를 교환하고 미팅을 조율하고 실제 방문을 통해 사업제휴 등을 진행한다. 이럴 때 고객과 주고받은 e-mail의 일부를 캡쳐하여 초기시장 진행상황을 보여준다면 초기시장 침투전략을 훌륭하게 완성할 수 있다.

■ 국내·외 주요 판매처 예상 근거 작성방법

판매목표에 대한 산출근거 제시가 중요하다. 산출근거를 제시하기 위해 엑셀을 활용해서 [표]와 같이 향후 5년간의 매출 총이익, 원가, 순매출을 예상해 보자.

[표] 향후 3~5년간 매출 및 이익 목표 양식 샘플

구분		내용	1년차	2년차	3년차	4년차	5년차	합계	비고
시장변수1									
시장변수2									
시장변수3									
매출	제품1	단가							
	제품2								
	제품3								
	소계								
원가	제품1								
	제품2								
	제품3								
	소계								
이익	제품1								
	제품2								
	제품3								
	소계								

판매할 제품이나 서비스명을 정하고, 단가를 기록하고 시장변수를 제시한다. 시장변수는 고객 수, 수수료율 등 매출을 변동시킬 수 있는 요소로 정한다. 그리고 매출액, 원가, 순매출을 계산하여 매출 목표를 완성한다. 이 자료를 바탕으로 하여 <표> 기술개발 후 국내·외 주요 판매처 예상을 완성할 수 있다. 그리고 반드시 산출근거를 제시해야 하는데 이미 작성한 [표]향후 3~5년간 매출 및 이익 목표가 산출근거가 될 수 있다. 주로, 시장점유율, 단가의 상승에 영향을 미치는 변수를 어떻게 정했는지 그 근거를 제시하면 된다.

판매처	국가 명	판매 단가 (천 원)	예상 연간 판매량(개)	예상 판매기간(년)	예상 총판매금 (천 원)	관련제품
판매처 1	한국	5,000	2	5	50,000	VR 콘텐츠
판매처 2	한국	5,000	2	5	50,000	
판매처 3	한국	5,000	2	5	50,000	
판매처 4	한국	5,000	2	5	50,000	
판매처 5	한국	5,000	2	5	50,000	
판매처 6	한국	5,000	2	5	50,000	
신규고객 1	한국	5,000	2	5	50,000	
신규고객 2	한국	5,000	2	5	50,000	
신규고객 3	한국	5,000	2	5	50,000	
신규고객 4	한국	5,000	2	5	50,000	
해외 1	일본	5,000	30	5	750,000	각 국가별 Agent 활용 현재 콘택트 중
해외 2	중국	5,000	20	5	500,000	
해외 3	베트남	5,000	20	5	500,000	
해외 4	태국	5,000	10	5	250,000	
합계					4,100,000	평균 820,000

※ 산출근거

가. 연도별 국내매출 목표 상세(2019년~2021년 3개년) (단위 : 천 원)

구분	제작 및 운영단가	2019년		2020년		2021년	
		건수	매출	건수	매출	건수	매출
일반기업용 VR 콘텐츠 제작	8,000	80	690,000	200	1,870,000	230	1,924,000
관공서용 VR 콘텐츠 제작	10,000	20	200,000	50	500,000	80	800,000
기타매출 (교육, 컨설팅, 행사)	20,000	10	200,000	20	400,000	60	600,000
합계			1,090,000		1,390,000		2,380,000

* 참고 1: B2B VR 콘텐츠 제작단가 평균 500만 원, 장비 렌탈/행사지원 300만 원
* 참고 2: 관공서 전시회 콘텐츠 제작 및 운영대행, 평균 제작비 500만 원, 운영지원 500만 원

나. 연도별 해외수출 목표 상세(2020년~2021년 2개년) (단위 : 천 원)

구분	제작	2019년		2020년		2021년	
		건수	매출	건수	매출	건수	매출
해외 에이전트 통한 VR 콘텐츠 제작대행	5,000	20	100,000	40	200,000	100	500,000

해외수출은 해외 에이전트 사의 제작 의뢰를 받아, 제작 후 납품하는 형태

[그림] 기술개발 후 국내·외 주요판매 예상처 산출근거 작성 샘플

끝으로 SWOT 분석표를 작성한다. SWOT 분석은 크게 중요하지 않지만 사업계획서상에서 제시하라고 되어있기 때문에 설명한다. 사업계획서 작성시간이 부족하다면 SWOT 분석 내용을 안 써도 된다. 사업계획서에서 아예 보여주지 않아도 된다. 작성한다고 하면 어려워 하지 말고 샘플과 같이 동일한 형태로 작성해라. SWOT 분석은 기업의 강점(strength)과 약점(weakness), 기회(opportunity)와 위협(threat) 요인을 찾아내고 이를 토대로 마케팅 전략을 수립하는 경영기법을 말하는데 SWOT 분석을 하면서 추가적으로 ①SO전략(강점-기회전략) ②ST전략(강점-위협전략) ③WO전략(약점-기회전략) ④WT전략(약점-위협전략)을 함께 제시해야 한다. SWOT 분석을 작성하지 않았다고 떨어지지는 않겠지만 '왜 SWOT 분석만 하고 SO, ST, WO, WT 분석은 안했냐?'며 지적하는 평가위원이 있기 때문에 그것에 대비하기 위해서 샘플처럼 작성하면 된다.

내부환경 / 외부환경	강점(S) ·풍부한 개발/사업 경험 ·다양한 거래처 확보 ·새로운 기술 발굴 ·서비스 운영경험	약점(W) ·초기 스타트업, 약한 재무력 ·솔루션 사업화 미경험 ·낮은 사업/제품 기획력 ·개발인력 부족
기회 (O) ·VR 콘텐츠시장 확대 ·기업 및 정부 관심 증가 ·디바이스 렌탈, 콘텐츠 유통 플랫폼 사업기회 확대	(SO) ·VR 콘텐츠 에디터 프로그램 개발, 공공부문 VR사업 적극 마케팅 ·기존 거래처 대상 프로모션	(WO) ·기존 콘텐츠/서비스 경험을 바탕으로 신제품/서비스 개발에 집중투자 솔루션 사업화 추진 ·정부지원정책 활용
위협 (T) ·VR콘텐츠 제작 경쟁 시장 형성 중 ·대기업의 투자 증대 ·전체개발인력 부족	(ST) ·공격적 마케팅(포탈 키워드 광고, 마케팅, 프로모션)을 통한 솔루션 차별화 홍보, ·대기업 협력 프로젝트 제안/참여	(WT) ·다양한 전시회/박람회 참여를 통한 사업제휴협력기회 확보 및 솔루션 홍보 진행 ·개발자 교육프로그램 참여

[그림] SWOT(SO, ST, WO, WT 포함) 분석 작성 샘플

■ 사업계획서 샘플-17, 18페이지

7.5 투자 및 판매계획

구 분		(2018)년 (기술개발 전년)	(2020)년 (개발종료 해당년)	(2021)년 (개발종료 후 1년)	(2022)년 (개발종료 후 2년)
사업화 제품		-	○○○	○○○	○○○
투자계획(백만원)		-	1,000	1,500	2,000
판매 계획 (백만원)	내 수	-	210	2,160	6,000
	직접수출	-	-	-	-
	간접수출	-	-	500	1,000
	계	-	310	2,660	7,000
비용절감(백만원)		-	-	-	-
수입대체(백만원)		-	-	-	-

　10억원을 투자유치 성공하였으며 추가로 30억원 투자유치 진행중. 이중 2019년까지 5억원 내외로 본 시스템개발 인건비 및 마케팅에 투자계획. 2020년부터 국내 금융사와 제휴하여 베트남, 라오스, 캄보디아 등 진출을 통해 간접적으로 매출 발생 예상.

7.6 해외시장 진출 계획

　당사는 ○○○ 시스템 개발과 관련하여 해외(미국, 중국, 일본, 베트남 등)의 ○○○사, ○○○사 등으로부터 꾸준히 관심을 받고 있으며, 관련하여 해외 담당자와 e-mail로 의견을 교환하고 있음. 향후 해당 국가 진출함에 큰 도움이 될 수 있음. 또한 국내외 전시회 참여를 통해 꾸준히 해외 바이어들의 정보를 수집하여 미팅을 추진하고 있음. 이를 위해 내부에 해외영업 및 해외마케팅을 담당하는 팀을 구성하였으며 미국, 중국, 일본, 베트남에 지속적으로 서비스 제안을 하고 있음.

① <u>해외 마케팅 본부 구성 : 구성인원 2명</u>
② 현재 해외 마케팅 현황 (총 ○○국, ○○사업처)
　가. 중국 : ○○○사, ○○○사와 계약 협의중 (출장미팅, e-mail)
　나. 미국 : ○○○사와 2020년 1월 ○○○ 전시회 공동 참여
　다. 해외 ○○○사에서 구매의향서 ○○건 접수 완료
③ <u>향후 해외시장 개척 계획</u>
　가. 국내외에서 열리는 ○○○전시회, ○○○박람회에 참여/참관기업으로 해외 바이어 정보수집
　　(20○○년 ○○월 개최되는 ○○전시회가 핵심) 및 제휴사업 추진
　나. 해외 바이어를 위한 영문/중문 홈페이지 개발 오픈
　다. 코트라, 창업진흥원의 ○○○○해외진출 프로그램에 참여하여 해외 거점 마련
　라. 해외에 판매망을 확보한 국내 ○○○사와 제휴를 통해 해외 네트워크 공동 개척
　마. 핵심기술에 대해서 PCT특허출원을 완료하고 미국, 일본, 중국에 대해서는 지정국 특허출원 완료
④ 정부의 해외진출 지원 정책 적극 활용
　가. 창업진흥원의 해외수출 지원사업 지원 활용, 멘토링 활용
　나. ○○○의 글로벌 창업지원 컨설팅 사업 추진
⑤ 해외진출 로드맵 (국내사업 안정화 이후 계획)

[그림] 투자 및 판매계획, 해외시장 진출계획

2020년 말 (개발 종료년)	2021년	2022년	2023년
해외시장조사 2020년 시스템 개발 완료후 국내 테스트를 거쳐 서비스 검증을 완료함. 미국,일본, 중국, 동남아시아 시장을 중심으로 조사를 먼저하고 북미, 유럽시장 조사하여 가장 매력적인 시장을 최초 진출 시장으로 확정	**일본 진출 추진** ① 전시회 및 정부지원 해외진출 사업을 통해 사업제휴 파트너 확보 ② 해외지사 설립보다는 제휴파트너에게 사업권 제공 방식으로 협업 또는 기술이전 계약체결 후 기술 및 시스템 지원 ③ 특허 출원 완료 **기타국가 계획** OOO전시회에 참석하여 해외 컨텍포인트 확보, 시장동향 분석	**중국/동남아시아 진출추진** ① 기존 해외진출 레퍼런스를 바탕으로 중국/동남아시아 에이전시를 통해서 고객사 발굴 ② 해외진출 가시적 성과에 따라 해외법인설립, 지사 설립등을 통해 기득권 마련 ③ 특허 출원 완료	**북미/유럽 시장 진출** ① 대규모 전시회 참여, 홍보물 제작, 광고집행 등을 통해 브랜드 이미지 제고된 상태에서 기술이전, 영업권 이전 등 기술로열티 계약 추진 ② 특허출원 완료

8. 고용유지 및 고용창출 계획 (년간 3명 이상 신규채용 목표)

o 현재 인원 : 총 00 명
o 일자리 안정자금 수혜기업 : 2018년 부터
o 2019년~2020년 신규채용목표 : 총 3 명 (이공계 청년 개발자 채용)
o 고용유지 방안
    가. 기술연구소 설립 및 배치를 통해 경력관리
    나. 기술연구소 연구원에 연구활동지원비 월 20만원 지원
    다. 기술연구소 연구원 교육프로그램 참여 유도 : 교육훈련비 지원, 년간 1회 이상 참여
    라. 직무보상발명제도 운영 (특허 출원 등록에 따른 인센티브 지원 50~100만원)
    마. 주 5일 근무, 야근 자제, 자기계발 활동 지원
    바. 퇴직연금제, 청년내일채움공제, 스톡옵션 운영
    아. 신규 채용인력 교육프로그래 운영 : 멘토제 운영, 공공기관 교육프로그램 활용

<표> 고용 현황 및 향후 계획

구 분	(2018)년 (기술개발 전년)	(2020)년 (개발종료 해당년)	(2021)년 (개발종료 후 1년)	(2022)년 (개발종료 후 2년)
신규고용(명)	1	3	5	7
상시고용(명)	5	8	13	20

[그림] 해외시장 진출계획 및 고용유지 및 고용창출 계획

■ 투자 및 판매계획은 그야말로 계획

[표] 투자 및 판매계획은 비교적 작성이 쉽다. 앞에서 작성한 판매 예상 산출근거와 <표> 기술개발 후 국내·외 주요 판매처 예상의 매출 내용을 기반으로 작성한다. 판매금액이나 투자금액이 너무 많으면 신뢰하게 어려우니 실현가능성이 있는 목표를 세운다.

투자 및 판매계획에서 중요한 사항은 수출계획이다. 정부지원사업은 고용창출, 해외진출이 중요하다. 수출계획이 없으면 평가에서 지적을 받는다. 또 해외수출 계획이 없다는 것이 탈락사유가 되는 경우도 있다. 따라서 사업계획서에는 반드시 해외진출, 수출에 대한 의지를 나타내야 한다. '정말 수출 한번 해보자'라는 마음으로 계획을 세워야만 한다. 그리고 적은 금액이라도 개발종료 후 1년 또는 2년부터는 수출 성과가 날 수 있도록 매출목표로 적어야 한다.

투자계획(백만 원)은 최근 연도 인건비, 마케팅비, 운영비, 재료비 등 총 금액을 적고 이를 기준으로 1년에 10~20%씩 증가하는 구조로 작성해라. 비용절감, 수입대체 부분은 조사한 자료가 있다면 작성하고, 없다면 빈칸으로 두어도 상관없다. 그리고 표 아래에는 투자유치 관련 내용이나 해외진출 내용을 간략하게 언급하면 좋다.

■ 해외진출의 꿈

해외시장 진출계획에는 별다른 양식이 없다. 현지 시장분석, 해외 마케팅 전략, 경쟁사 제품 분석 등을 작성하라고 되어 있는데 실제 해외진출 추진 중이라면 그 내용을 적으면 된다. 지금 개발하는 제품과 관계가 있으면 더 좋겠지만 굳이 관계가 없더라도 해외수출 경험 등이 있다면 적극적으로 어필해라.

솔직히 말하면 대부분의 초기기업은 해외진출에 대해서는 생각해 보지 않는다. 초기기업은 아이디어나 제품 콘셉트만 있는 상태이거나 개발을 이제 막 시작하는 단계라서 국내에서 아직 검증이 안 된 상태다. 이런 상황에서 해외진출까지 생각할 겨를도 없다. 그래서 초기기업이 사업계획서를 작성할 때 해외시장 진출계획을 대충 쓰는 경향이 있다. 예를 들면 '향후 3년 이내 일본시장에 진출하고 5년 내에 유럽, 미주에 지사를 설립하여 마케팅을 진행하겠다.'라는 수준으로 작성된 사업계획서를 많이 봤다. 이런 내용을 보면 해외진출에 대한 의지는 없는 것으로 판단하게 된다.

그런데 평가에서는 해외시장 진출계획 배점이 매우 높다. 대면평가에서는 '글로벌 역량'이 15점이나 된다. 평가요소를 보면 '글로벌 진출 가능성(수출실적, 수입대체 증빙자료 등을 참고), 수출 관련 인력 현황, 목표 해외시장 이해도, 현지화 계획, 해외수출망 확보계획 등으로 되어 있다. 쉽게 생각할 수 없는 항목이다.

○ 해외 마케팅 전략 및 제품 경쟁력
  - 각종 해외 박람회를 통한 지속적인 홍보와 마케팅 추진 예정
  (○○○○○, ○○○○○○, ○○○○○○○ 등)
  - 수출을 위한 제품 경쟁력
    · 결제 시스템이 아직 잘 갖춰지지 않은 동남아시아 지역, 남미지역에서는 본 개발 기술이 높은 효과를 얻을 것으로 예상됨.
    · 포인트 시장이 활성화된 일본은 아직 네트워크망이 원활하지 않은 소매상점이 많아 스마트 스탬프 대중화가 빠르게 진행될 수 있을 것이라고 기대하고 있음
    · ○○○만의 ○○○○기술은 모든 모바일 디바이스에 사용이 가능하기에 범용성이 높고 ○○만개 이상의 패턴이 오인식 없는 성능으로 기술력 있음
    · 결제 시 잊기 쉬운 비밀번호방식이나 사용할 때마다 설정을 바꾸어야하는 NFC 방식과는 달리 OTP 알고리즘의 ○○○○는 보안성에서 매우 우수함
    · ○○○의 ○○○○는 세계유일의 숫자패드가 장착된 ○○○○기반의 스마트 스탬프로써 핀테크 시대를 맞이하여 결제가 이루어지는 모든 곳에 활용이 가능함.
○ 해외시장(또는 고객) 발굴을 위한 정보수집 활동 계획
  - 국내에서 열리는 기술 박람회 및 해외의 여러 박람회에 참가함으로서 스마트 스탬프를 알리고자 함.
  - 구글에 키워드 검색 광고 등록을 통해 해외에서도 스마트 스탬프를 쉽게 검색이 가능하게 하고자 함.
  - 기존 해외 파트너들에게 스마트 스탬프를 소개하고 더 많은 분야의 비즈니스 확장을 이끌어 내고자 함.

[그림] SMTECH에서 제공하는 해외시장 진출계획 작성 샘플

[그림]은 중소기업기술정보진흥원에서 운영하는 SMTECH에 공개된 해외시장 진출계획 예시이다. 과제명은 'O2O 시장에서 모바일 가상화폐 및 선불카드 결제를 수행하는 스탬프 솔루션 개발'로 수출실적이 없는 기업이 SW솔루션을 해외에 수출하고자 하는 계획이다. 예시로 보여준 것도 자세히 살펴보면 해외시장 개척에 대한 구체적인 계획은 없는 것 같다. 하지만 최소 이 정도는 되어야 중간점수는 받을 수 있다.

오랜 경험을 통해서 해외시장 진출계획 작성할 때 아래와 같이 양식으로 쓰면 칭찬을 듣지는 못했지만 크게 지적도 받지 않았다. 만약

해외진출에 대한 생각이 덜 정리 되었다면 샘플과 같은 양식으로 작성해 봐라. 아래와 같은 형식으로 작성하면 평균 점수 이상의 점수를 받을 수 있다.

① 해외진출 경험 제시

우선 해외시장 진출 경험이 있다면 해외진출 경험이 있다는 것을 [표] 등으로 만들어 확실하게 강조한다. 해외진출 자체가 어렵기 때문에 해외진출 실적을 나열하는 것만으로 신뢰를 줄 수 있고 성공가능성이 높다고 평가할 것이다. 혹시 해외 지사나 거점이 확보되었거나 인큐베이팅 프로그램 등에 참여했다면 반드시 해당 내용을 작성한다.

② 해외마케팅 전담부서 및 인력 구성 : 없으면 만들고 지정해라.

두 번째로는 해외마케팅 전담부서나 인력이다. 이 부분은 반드시 작성해야 한다. 기업 내에 현재 해외마케팅 부서나 인력이 없을 수 있다. 그럴 때는 해외마케팅 부서를 만들고 담당인력을 지정한 후에 사업계획서를 작성해라. 그 인력이 대표자라도 상관없다. 그리고 그 담당자가 해야 할 업무를 지정해라. 해외 마케팅 담당부서와 담당인력이 있느냐 없느냐는 평가기준에서 중요한 포인트다.

③ 해외시장 진출현황 : 해외진출 시도라도 해보자. 간단하다.

지금까지 추진한 해외진출의 결과물을 적어라. 별도의 결과가 없다면 지금 진행하고 있는 내용을 적어라. 그러나 대부분은 현재도 해외진출을 시도하지 않고 있을 것이다. 그렇다면 먼저 해외진출을 시도해보자. 해외진출 시도라는 것이 어려운 것이 아니다. 시장을 분석하고 해외에서 제휴 대상을 찾아본다. 그리고 e-mail로 문의한다. 이것이 해외마케팅 활동의 시작이다. 진정성 있게 메일을 보낸다면 답변을 받을 수 있다. 만약 회신 메일을 전혀 받지 못했다면 메일 보낸 리스트를 저장해라. 그리고 그것 것들을 캡쳐해서 사업계획서에 반영해라. 콘택트 포인트도 확보한 것이고 해외진출 시도를 시작한 셈이 된다.

④ 마지막으로 해외진출 로드맵을 그려라

해외진출을 한다면 어떻게 하고 싶은지, 해외진출 로드맵을 위와 같은 형식으로 작성해서 보여줘라. 아주 먼 일이 될 수 있겠지만 해외진출에 대한 즐거운 상상을 하면서 작성을 해라. 실현되기 어려워도 괜찮다. 막연하겠지만 해외진출에 대한 꿈이 있다는 것을 보여주는 것이 중요하다.

이렇게 3~4개의 해외진출 관련 내용을 작성하면 해외시장 진출계획에 대해서는 어느 정도 인정을 받을 수 있다.

고용유지 및 고용창출 계획 작성방법

'고용유지 및 고용창출계획'의 구성	
1. 작성 중요도	고용유지 및 고용창출 계획 ★★
2. 페이지	고용유지 및 고용창출 계획 18페이지(분량 0.5페이지)
3. 세부항목	연간 평균 신규고용 창출 계획 : 2명 고용유지 방안 고용현황 및 향후 계획

고용유지 및 고용창출 계획은 고용친화도라는 평가항목으로 서면평가에서 10점, 대면평가에서는 15점이나 되는 중요한 항목이다.

■ 신규고용창출 2명 + 정부고용정책 반영

여기서 꼭 강조해야 할 것이 있다. 바로 신규고용창출 계획이다. 사업기간 동안에 신규고용창출 인원수를 제시하는 것이 중요하다. 정부 지원금이 최대 1억 원이면 1명, 1.5억 원이면 2명, 2억 원이면 3명 이상은 신규 고용을 하겠다고 작성해라. 가장 적당한 수준은 연간 2명의 신규고용이다.

고용유지 및 고용창출 계획은 작성요령에 있는 내용에 따라서 세부항목을 정하고 있는 그대로 작성을 하면 된다. 교육프로그램, R&D 성과공유, 스톡옵션, 직무보상발명제도 등 내부적으로 고용유지를 위해서 취하고 있는 내용을 사실 그대로 넣으면 된다.

[그림]에서 보면 '일자리 안정자금 수혜기업'이라고 있다. 일자리 안정자금은 월급 190만 원 미만의 직원을 고용하고 있을 때 정부에서 월 13만 원씩 지원해주는 사업인데 정부에서 고용창출 및 유지를 위해 매우 중요하게 추진하는 사업이다. 2018년 정부지원사업에서 '일자리 안정자금' 수혜기업은 대면평가에서 3점의 가점을 받았다. 대부분 초기기업은 이런 것들에 대해서 알지도 못하고 사소하게 생각한다. 2018년에는 '일자리 안정자금 수혜기업'이 대단히 중요한 요소였다. 매년 사업계획서 평가할 때마다 새로운 기준이 추가되는데 그것을 미리 알고 있으면 정부지원사업에 합격하는데 큰 도움이 된다.

제9절

합격 = 도전, 도전 그리고 도전

합격하는 사업계획서 작성방법에 따라 사업계획서를 썼다면 이제는 합격할 일만 남았다. 내가 16번이나 정부지원사업에 합격했다고 하면 '진짜 100% 합격했어요? 대단하시네요. 어떻게요?'라고 물어본다. 내 대답은 의외로 간단하다. '합격할 때까지 신청하면 됩니다.'라고 말한다. 이것이 정답이다. 나는 한번 사업계획서를 작성하면 합격할 때까지 신청했다. 그리고 합격했다. 정부지원사업은 신청부터 최종발표까지 4~5개월이 소요된다. 과학기술정보통신부 지원사업은 2~3개월 정도 소요되는 경우도 있지만 중소벤처기업부의 경우 최소 4~5개월이다. 서면평가, 대면평가, 현장조사, 중복성 검토가 끝나고 심의조정위원회에서 예산을 편성해야 비로소 최종발표가 된다. 초기기업은 많은 기초자료를 준비해야 하고 사업계획서 작성에 꽤 많은 시간도 필요하다. 당연히 힘들고 피곤하다. 개발하고 영업하는 시간도 줄여가면서 준비해야 한다. 그런데 만약 5개월 이후 탈락하면 처음부터 다시 준비하고 사업계획서도 다시 작성하고 다시 신청해야 한다. 무엇보다 자금이 부족한 상황에서 다시 4~5개월을 기다려야 하는 것이 큰 어려움이다.

그래서 한번 사업계획서를 작성했다면 신청 가능한 모든 사업에 중복으로 신청해야 한다. 창업성장기술개발사업 디딤돌창업과제, 혁신

R&D 과제, 혁신형기업기술개발사업, 수출초보기업, 구매조건부개발사업 등 신청자격이 되는 사업은 모두 신청해야 한다. 어떤 사업에서 합격할지 알 수 없다. 동일한 사업계획서라도 평가위원이 다르고 상대평가이기 때문에 어떤 사업에서는 합격하고 어떤 사업에서는 탈락한다. 물론 모두 다 탈락할 수도 있다. 단번에 합격하는 것은 어렵다. 탈락하더라도 포기하지 않고 계속 도전하면 합격할 수 있다. 서면평가나 대면평가에서 탈락하게 되면 '평가의견'이라고 해서 탈락사유를 구체적으로 알려준다. 사업계획서에서 어느 부분을 보완해야 하는지는 알 수 있다. 그것 위주로 보완해서 다시 신청하는 것이다. 이것이 룰이다. 좌절할 필요도 없고 후회할 시간도 없다. 늘 긍정적으로 생각하고 다시 신청하면 된다.

탈락한 뒤에 다시 사업계획서를 준비할 때는 수월하다. 이제는 기존 사업계획서를 바탕으로 수정·보완만 하면 된다. 다음 정부지원사업에 신청할 때까지 시간도 넉넉하기 때문에 확실히 준비할 수 있다. 처음 신청할 때 보지 못했던 부자연스러운 문맥도 확인되고 적당히 분량을 추가하거나 삭제해 더 매끄러운 사업계획서를 만들 수 있다. 그럼 첫 번째 사업계획서보다 훨씬 세련된 사업계획서가 완성된다.

게다가 합격한 경쟁기업들은 다시 신청하지 않기 때문에 경쟁률은 점점 낮아진다. 1차 보다는 2차, 2차보다는 3차가 훨씬 경쟁이 덜할 것이다. 경쟁도 덜하고, 평가의견을 반영해 사업계획서도 더 완벽해졌다. 더 자신감을 가져야지 포기할 이유가 전혀 없는 것이다. 당연히 중간에 포기하는 기업도 있다. 그렇게 포기하기 때문에 경쟁률은 더 떨어지고 계속 도전하는 기업에는 더 많은 기회가 있다는 것을 명심해야 한다.

　매년 초에 과학기술정보통신부, 중소벤처기업부, 산업통상자원부 등 10개 정부부처가 R&D 지원사업 합동설명회를 개최한다. 부처별로 R&D 지원사업의 통합시행계획공고 중 상세일정, 지원 금액, 예산, 신청자격, 신청횟수 제한 등의 내용을 소개하고 기업이 궁금해 하는 전년도 사업별 경쟁률을 알려주기도 한다. 설명회에서 연간 R&D 지원사업 추진일정 및 지원내역을 파악하여 신청할 R&D 지원사업을 미리 정하고 신청자격을 갖춰 놓는 것이 합격하는 방법의 시작이다.

　이상으로 정부지원사업에 합격하는 사업계획서 작성방법을 설명하였다. 이제 실제 사업계획서를 작성해보자. 작성하다 궁금한 사항이 있으면 내 블로그나 e-mail로 문의하길 바란다. 그리고 이제 정부지원사업에 신청하고 합격하는 일만 남았다.

> **부연설명**
>
> 부서별 R&D 지원사업 통합시행계획 : 과학기술정보통신부는 과학기술정보통신부 연구개발사업 종합시행계획, 산업통상자원부는 산업기술혁신사업 통합시행계획, 중소벤처기업부는 중소기업 기술개발 지원사업 통합공고와 정부 창업지원사업 계획을 공고한다. 정부 R&D 지원사업에 신청하고자 하는 초기기업은 연말연시에 정부부처 공고를 반드시 확인해야 한다.

제 4 장 ──────── 합격하는
대면평가 자세

대면평가에서 탈락하는 첫 번째 이유는 발표가 아니라 사업계획서를 잘못 썼기 때문이다. 반대로 대면평가에서 합격하는 첫 번째 이유는 사업계획서를 잘 썼기 때문이다. 대면평가에서도 가장 중요한 것은 사업계획서이지 발표 자료나 발표 스킬이 아니다. 사업계획서를 제대로 작성하지 않고 운 좋게 서면평가를 합격했다고 하더라도 대면평가까지 연속해서 합격하는 것은 어렵다.

대면평가에서는 서면평가 점수를 반영하지 않는다. 일반적으로 서면평가 평가위원이 서면평가에 통과된 사업계획서를 대상으로 대면평가까지 진행할 것으로 생각하는데 그렇지 않다. 서면평가 평가위원과 대면평가 평가위원은 완전히 다른 사람이다. 이와 관련해서는 제2장 합격을 위한 준비에서 이미 설명을 하였지만 중요하여 다시 언급한다. 대면평가위원은 사업계획서를 평가 당일 아침에 잠깐 보고나서 대면평가 진행할 때 비로소 제대로 확인한다. 평가위원은 대면평가 발표시간에 발표자의 발표내용을 청취하는 것보다는 사업계획서를 읽는 것에 더 집중한다. 그래서 대면평가에서도 발표 자료나 발표 스킬보다는 사업계획서 자체가 훨씬 중요하다.

대면평가에서 탈락하는 두 번째 이유는 대면평가 대응전략과 발표 요령이 부족했기 때문이다. 대면평가 진행과정을 이해한 상태에서 대면평가를 준비하고 발표요령까지 익히는 것이 최종 합격하는 방법이다. 대면평가에서 내가 강조하고 싶은 것은 '자세'다.

┤ 부연설명 ├

운 좋게 서면평가에 합격하는 경우 : 하나의 평가위원회에 접수된 사업계획서 수준이 전반적으로 낮은 경우, 서면평가 경쟁률이 낮아서 서면평가 점수를 후하게 준 경우

제1절

대면평가 과정

■ 논리보다는 공감, 토론보다는 의견수렴

정부지원사업 평가단계 중 가장 어려운 서면평가를 통과했다. 대면평가 경쟁률은 대략 1.2:1에서 최대 3:1이다. 대면평가에서 탈락하면 나중에 대면평가만 다시 보는 것이 아니라 사업신청부터 새로 시작해야 한다. 사업계획서를 다시 접수하려면 2개월은 기다려야 한다. 그래서 가장 어려운 서면평가를 통과했을 때 대면평가까지 한 번에 통과해야 한다.

대면평가를 통과하기 위해서는 먼저 대면평가 과정을 이해할 필요가 있다. 대면평가장의 분위기는 매우 딱딱하다. 20분 발표, 20분 질의응답인데 7명의 평가위원은 발표자의 약한 부분과 잘못한 부분만 집중적으로 물고 늘어진다. 평가위원들의 질문은 합격시키려고 하는 것이 아니라 탈락시킬 사유를 찾기 위해 하는 것이다. 아이디어와 기술에 대한 칭찬은 거의 없다. 평가위원들은 대학교수, 회계사, 변리사, 투자자, 기업대표, 임원 등으로 해당분야의 대단한 전문가이고 경력과 경험도 화려하다. 연령대는 대략 40대 중반에서 60대 정도다. 성별은 대부분 남성이고 여성은 10%가 안 될 듯하다. 특히 서면평가, 대면평가의 경험이 많아 날카로운 질문을 잘한다.

처음에는 대면평가에 대한 막연한 두려움이 있다. 발표 자료를 예술적으로 만들어야 되고 발표도 실수 없이 외워서 해야 되기 때문에 발표경험이 부족한 발표자는 긴장도 많이 한다. 그런데 막상 발표를 시작하면 평소에는 2~3분 발표하는 것도 어려워하는데 발표시간 20분이 모자란다고 한다. 간절하기 때문이다. 아이디어와 기술을 전부 설명하고 설득시켜야만 한다. 그리고 그 발표에 정부지원자금 1~2억 원이 왔다 갔다 한다.

대면평가는 아이디어와 기술을 빠른 시간 안에 이해시키는 것이 아니라 감정적으로 공감시키는 과정이다. 논리를 앞세워 평가위원과 토론하고 논쟁하는 것이 아니라 평가위원의 의견을 수렴하는 과정이다. 발표할 때는 평가위원을 논리적으로 설득하려 하지 말고 감정에 호소해야 한다. 평가위원으로부터 사업을 추진하는데 필요한 아이디어를 얻어가겠다는 자세로 도리어 조언을 요청한다면 공감을 얻는데 훨씬 유리하다.

■ 대면평가 과정

대면평가는 심사위원장 포함 총 7명으로 구성되고 간사 1명이 참석한다. 발표자는 보통 20분 발표하고 20분 질의응답 시간을 갖는다. 공정하고 투명한 평가를 위해서 모든 발표내용은 녹음된다. 발표시간 및 질의응답시간은 10~25분으로 바뀔 수 있으며 정부지원사업마다 다르다.

대면평가에서 평가위원 7명 점수 중 최상위, 최하위 점수를 제외한

5명의 점수 평균이 60점만 넘으면 합격이다. 100점은 탁월, 80점은 우수, 60점은 보통, 40점은 미흡, 20점은 불량이다. 60점이 중간 점수이기 때문에 웬만해서는 60점을 넘길 수 있을 것만 같지만 절대 그렇지 않다. 점수를 짜게 준다. 나중에 합격자와 탈락자 점수를 보면 합격자는 60~70점 사이가 대부분이고, 탈락자는 55~59점 사이가 대부분이다. 점수대가 거의 비슷하고 아무리 점수가 잘 나와도 70점이 넘는 경우는 좀처럼 없다. 점수자체는 중요한 것이 아니다. 중요한 것은 합격이냐 탈락이냐 두 가지 케이스만 있다고 생각하면 된다.

평가위원은 사업계획서와 발표내용을 들어보고 합격여부를 1차로 결정한다. 발표자의 평가시간에 실시간으로 세부항목별로 채점하는 것이 아니라, 발표내용을 다 듣고 사업계획서도 다 확인하고 합격여부를 결정한 다음 채점한다. 그래서 합격시킬 발표자의 점수는 60점 이상을, 탈락시킬 발표자 점수는 60점 미만을 부여한다. 60점만 넘으면 합격이기 때문에 60점을 간신히 넘겨도 상관이 없다. 59점부터 탈락이기 때문에 너무 낮게 주지 않고 55~59점으로 채점한다. 탈락자에게 위로해주려는 심리 때문이다. 실제 평가하다보면 50점도 아까운 사업계획서도 많이 있다. 평가위원도 어렵게 창업하여 이 자리까지 온 발표자에게 큰 상처를 주고 싶지 않다. 그런데 간혹 70점이 넘는 경우가 있는데 그것은 정말 좋은 아이템이라고 생각하면 된다.

평가위원 개인별로 1차 점수를 부여한 후에 전체 평가위원 점수를 취합하여 최종합격할 발표자와 탈락자를 확인하게 된다. 그런데 해당 평가위원회에서 최대로 합격시켜야 할 합격자 수가 정해져 있어 만약 평균점수 60점 통과자가 미달인 경우에는 탈락자 중 높은 점수순으로 배점을 조정하여 합격자 수를 맞춘다. 만약 그 반대인 경우에도 합격자 수를 맞춘다. 그렇게 하여 최종점수가 확정되고 합격자로 확정되는 것이다. 그런데 마지막에 추가로 합격되거나 추가로 탈락되는 애매모호한 케이스를 대상으로는 평가위원들 간 논의를 거쳐서 결정하는데 이때 추가로 합격시키는 근거가 되는 것이 사업계획서의 충실성과 발표자의 발표 자세다.

대면평가 자세

■ 대면평가 평가표 검토

다음 [그림]은 중소벤처기업부 중소기업 기술개발사업 대면평가 평가표다. 대면평가 평가항목은 창의도전성(15점), 기술개발 방법의 구체성(15점), 기술보호역량 및 지식재산권 확보방안(10점), 사업화 계획(20점), 글로벌 역량(15점), 고용친화도(20점), 정부정책부합성(5점) 등 7가지로, 100점 만점으로 구성된다. 발표 자료에는 위 평가항목별로 빠짐없이 장표를 만들어 넣는다.

사업계획서와 마찬가지로 대면평가에서도 가장 중요한 발표내용은 '개발기술의 개요 및 필요성, 차별성, 독창성'이다. 이것을 이해시키는 데 발표시간 50% 이상을 할애한다. 평가위원이 기술개발의 필요성에 공감하고 차별성을 이해하면 90% 이상 합격이다. 나머지 평가항목은 간단하게 언급만 해도 된다.

대면평가 평가항목 중 기술보호역량 및 지식재산권 확보방안(10점), 고용친화도(20점), 정부정책부합성(5점)의 합계가 무려 35점이다. 사실 이 3가지 평가지표는 개발하고자 하는 기술성 및 사업성과 동떨어진 개념인데 배점이 너무 높다. '대면평가가 60점을 넘으면 합격이니까 다른 항목에서 점수를 못 받아도 이 3가지 항목을 잘 준비해서

중소기업 기술개발사업 대면평가표(공통 예시)

사 업 명				
과제번호		평 가 일	20 . . .	
과 제 명				
주관기관		과제책임자		
공동개발기관		공동책임자		
참여기업		위탁연구기관		

구분	평가지표	평가요소	평점				
			탁월	우수	보통	미흡	불량
기술성 (40)	창의·도전성 (15)	기술개발 필요성 및 차별성	15	12	9	6	3
	기술개발 방법 구체성 (15)	기술개발 목표 및 개발방법, 개발기간의 적정성	15	12	9	6	3
	기술보호역량 및 지식재산권 확보방안 (10)	내부 보안관리 체계, 기술보호 계획 및 지식재산권 확보·회피 방안 적정성	10	8	6	4	2
사업성 (55)	사업화 계획 (20)	목표시장 분석의 정확성, 사업화 계획의 구체성 및 투자(판매)계획의 적정성	20	16	12	8	4
	글로벌화 역량 (15)	글로벌 진출가능성(수출실적, 수입대체 증빙자료 등을 참고), 수출 관련 인력 현황, 목표 해외시장 이해도, 현지화 계획, 해외수출망 확보계획 등	15	12	9	6	3
	고용 친화도 (20)	고용증가, 근로환경(정규직 전환지원, 일자리 함께하기 지원, 가족친화인증기업 등) 성과공유(미래성과공유, 내일채움공제, 청년내일채움공제, 스톡옵션운영 등), 법령준수 등	20	16	12	8	4
정책부합성(5)		신성장동력 및 미래성장동력 적합성, 기타 사업별 특화 지표	5	4	3	2	1
합 계			점				

평가 의견	□ 기술성 및 기술개발 역량 : □ 사업성 : □ 정책 부합성 :

* 평가위원간 과제 내용에 대한 토론시 사전 순위결정은 금지(평가위원별 자율평가 실시)
* 고용친화도는 중소기업 고용영향 평가시스템(고용영향평가지표)을 기준으로 산정한 점수를 환산하여 반영 (일부사업만 적용: 중소기업기술혁신, 제품서비스, 공정품질, 산학연협력사업, 상용화)
　단, 적용사업들은 사업별 특성을 고려하여 고용친화도 배점을 조정할 수 있음
* 고용영향 평가시스템 미적용사업은 별도의 평가요소를 마련하여 평가실시

[그림] 중소벤처기업부 중소기업 기술개발사업 대면평가 평가표

35점 만점을 받으면 합격이 가능하겠네.'라고 생각할 수도 있는데 전혀 그렇지 않다. 위 3가지 항목의 평가는 별개로 진행하지 않고 기술성, 사업성 평가와 연동되어 평가된다. 그리고 만점이 나오는 경우도

없다. 매우 잘 나오면 70점이다. 따라서 '기술개발의 개요 및 필요성과 차별성'에 집중해야 한다. 다만 위 3가지 항목은 기술성과 사업성, 글로벌 역량을 파악하여 합격자를 선정하는데 우열을 가리기 어려운 점수가 나왔을 때는 유리하게 작용된다. 따라서 간단하게라도 기술보호 역량 및 지식재산권 확보방안도 설명해야 한다. 특허출원, SW저작권 등록, 상표출원 등을 했거나 하겠다는 내용, 변리사를 통해서 선행기술을 조사했다는 내용으로 설명하면 된다. 고용친화도의 경우 '일자리 창출기업 수혜증명과 4대 보험 가입자 명부를 발표 자료에 이미지파일로 넣고 인력구성을 증명하고 신규로 충원된 인력리스트를 보여주면 된다. 고용을 많이 창출하겠다고 계획을 수립해야 높은 점수를 받을 수 있다. 정규직과 청년고용이 많다는 것을 강조하고 올해 이미 신규채용을 했거나 할 계획이라고 하면 된다. 사무실에 사람들이 꽉 들어차서 연구소에서 근무하고 있는 모습을 사진으로 첨부하면 좋다.

각 평가항목은 모두 평가점수가 있기 때문에 발표할 때는 발표 자료에 별도의 페이지로 구성해서 설명해라. 남들이 소홀히 여기는 것도 준비해야 더 성실하고 간절하게 보일 수 있다. 그것이 발표자의 기본적인 자세다.

■ 발표 자료는 화려함보다 간단명료하게

① 발표 자료 만드는데 시간투자 마라.

질 높은 발표 자료가 있다면 그것을 그대로 활용해라. 그런데 발표 자료는 화려하지 않아도 된다. 발표 자료를 새로 만드는데 많은 시간과 비용을 투자하지 마라. 발표 자료를 새로 만들어야 한다면 기 제출한 사업계획서를 기준 자료로 활용하여 작성해라. 그리고 발표 자료는 웬만하면 최종 발표자가 직접 편집하는 것이 좋다. 발표자가 발표하고자 하는 내용과 발표 자료가 자연스럽게 배치되는 것이 좋다. 다른 사람이 발표 자료를 작성한다면 반드시 발표자가 확인하여 본인 것으로 소화시켜야 한다.

[표] 발표 자료 페이지별 구성 샘플

페이지	내용	비고
1	과제명	표지
2	1.개발기술의 창의/도전성	평가지표 타이틀
3	(1) 기술개발의 배경	발표시간의 50% 할당 가장 중요한 발표 (20분 중 10분 이상)
4	(2) 현재의 문제점	
5	(3) 문제 해결방안	
6	(4) 개발기술의 개요	
7	(5) 개발기술의 차별성 및 독창성	
8	(6) 특허출원 현황	제목만 읽고 스킵
9	(7) 기술보안, 정보보호 대책	제목만 읽고 스킵
10	2.기술개발 방법	평가지표 타이틀
11	(1) 개발시스템 개요	
12	(2) 서비스 플로	
13	(3) 핵심개발 내용 1	제목만 읽고 스킵
14	(4) 핵심개발 내용 2	제목만 읽고 스킵
15	(5) 핵심개발 내용 3	제목만 읽고 스킵
16	(6) 기술개발 역량_기술개발, 사업화 경험	
17	(7) 기술개발인력 현황	
18	3.사업화 계획	평가지표 타이틀
19	(1) 시장상황	
20	(2) 유사 서비스 사업자 동향	
21	(3) 비즈니스 모델	
22	(4) 예상 판매처	
23	(5) 구매의향접수, 초기시장 영업현황	
24	4.글로벌 역량	평가지표 타이틀
25	(1) 기존거래처 및 해외마케팅 현황	
26	(2) 해외진출 방안	
27	5.고용창출 계획 및 정부정책부합성	평가지표 타이틀
28	(1) 고용창출 현황 및 계획	
29	(2) 정부정책의 부합성	

② 발표목차는 대면평가 평가항목 순으로, 사업계획서와 일치

발표 자료 목차는 대면평가 평가항목순으로 배열하고 설명해라. [표]는 발표 자료 페이지별 구성내용이다. 표지부터 시작해서 총 5가지 항목 29페이지로 구성하는 것이 좋겠다.

발표 자료는 반드시 제출된 사업계획서 내용과 일치해야 한다. 사업계획서에 없던 새로운 내용이 추가되면 기 제출한 사업계획서와 다르다고 감점되는 경우도 있다. 따라서 발표 자료는 사업계획서 내용을 그대로 인용해야 한다. 만약 발표 자료가 사업계획서의 내용과 달라졌을 경우, 예를 들어 서면평가에서 지적한 내용을 반영하여 발표 자료에 수정하여 넣는 경우, 발표할 때 그 내용을 평가위원에게 알려주는 것이 좋다.

③ 발표 자료는 PPT가 아니라 PDF

편집은 복잡하거나 빽빽하게 하지 말고 여백을 살려 깔끔하게 한다. 애니메이션이나 동영상은 굳이 넣지 마라. 이런 것들은 평가장에서 작동 오류가 나는 경우가 많다. 넣고 싶다면 확실히 실수 없이 실행될 수 있도록 준비해라. 발표 자료는 PPT 파일이 아닌 PDF로 저장해서 USB메모리카드에 담아가면 된다. PPT 파일로 가져가면 버전이 맞지 않거나 폰트가 없어서 화면이 깨지는 경우가 많다.

■ 발표는 짧게, 질의응답은 길게

① 발표 자료를 그대로 읽지 마라. 이해하고 설명해라.

발표 자료는 발표할 때 참고하고 기억하라고 화면에 띄워 놓는 것이지 그것을 따라 읽는 것이 아니다. 발표자가 발표내용을 완전히 숙

지하고 있어야 신뢰가 가는 것은 당연하다. 발표 자료를 그대로만 읽는다면 전문성이 있는지, 실제 개발할 수 있는지 상당히 의심된다. 신뢰와 진정성의 문제다. 평가위원은 발표자가 얼마나 준비했는지 안했는지, 자신 있는지 없는지, 진정성이 있는지 없는지를 볼 수 있다. 발표 자료를 암기하라는 것이 아니다. 이해하라는 것이다. 발표 자료를 완성하고 발표멘트를 최대한 간단하게 요약정리해서 30번 정도 읽어보면 입에 붙고 자연스러워 진다.

② 발표시간은 전체 시간 중 70%만 쓰고 빨리 끝내라.

발표시간은 정해진 발표시간보다 빨리 끝내라. 만약 발표시간이 20분이라면 14분 이내 발표하고 끝내라. 나머지 발표시간을 질의응답시간으로 쓰는 것이 좋다. 발표자의 일방적인 의견을 길게 말해봐야 평가위원은 잘 집중하지 않는다. 질의응답으로 평가위원과 의견을 교환하고 교감하는 것이 훨씬 중요하다. 평가위원의 의견은 경청하고 평가위원의 의견에 호응하면서 평가위원이 더 많이 코멘트할 수 있도록 해야 한다. 이러한 과정에서 평가위원이 아이템에 공감할 가능성이 크다. 평가위원은 궁금한 것이 많다. 질의응답으로 그 궁금증을 풀어줘라.

발표멘트를 글자크기 11로 하여 A4용지에 4페이지 이내로 정리해라. 1페이지에 3~4분 정도 발표한다고 생각해라. 그리고 계속 읽어보며 줄여나간다. 3페이지까지 줄이면 더 좋다. 발표멘트를 정리할 때는 미사여구는 빼고 핵심만 정리해라. 정리된 발표멘트를 30번 정도 읽어본다. 그리고 발표 자료와 매칭하여 또 30번 정도 읽어보면 발표 자료만 봐도 자연스럽게 발표멘트가 튀어 나온다.

[표] 발표 자료 페이지별 구성 샘플처럼 발표 자료는 표지를 포함해서 30페이지 내외로 작성한다. 목차, 중간표지 등을 빼고 나면 실제 발표할 내용은 20페이지다. 어떤 페이지들은 제목만 읽고 아무런 설명 없이 넘어가도 상관없다. 특히 개발내용 부분이 그렇다. 개발내용을 상세하게 설명해도 평가위원은 별 관심을 갖지 않는다. 특히 기술개발 방법을 설명할 때는 페이지당 5초 이내로 제목만 언급해도 된다. 개발 방법론이나 개발시스템 상세내역을 그 짧은 시간에 이해시킬 수도 없다. 열심히 노력해서 준비했다는 것을 보여주기 위해 발표멘트가 없는 페이지도 꼭 보여주고 넘겨라.

30페이지의 발표 자료를 가지고 최대 14분 이내로 발표한다. 발표에서 가장 중요한 것은 제1장 개발기술의 창의·도전성이다. 기술개발 배경을 설명하고 현재의 문제점 2~3분, 해결방안 2~3분 마지막으로 해결방안, 차별성 및 독창성을 3~4분으로 설명한다. 대략 7~10분 정도를 할애한다. 만약 시간이 모자라면 더 할애해서라도 평가위원을 이해시켜야 한다.

이후 제2장 기술개발방법, 제3장 사업화 계획, 제4장 글로벌 역량, 제5장 고용창출 계획을 차례로 발표하는데 최대 5분만 발표하고 빨리 끝내라. 발표는 겸손하게 하되 은근히 자랑도 해야 한다.

중요한 발표내용은 다 끝났다. 이제 사업화 계획만 설명하면 된다. 돈을 버는 방법을 설득하는데 가장 쉬운 것이 초기시장 침투전략이다. 제품이나 서비스를 개발하여 바로 누구에게 팔 수 있고 그것을 증명하면 사업화 계획에서도 좋은 점수를 받을 수 있다. 초기시장 침투전략은 고객사명을 거론하면서 아주 구체적으로 설명할수록 좋다. 뜬구름 잡는 매출계획이나 대기업과의 제휴 이런 것은 말해봐야 믿지 않기 때문에 언급을 하지 마라. 글로벌 진출계획에 있어서 현재 추진하는 것이 있다면 강조하고 그렇지 않고 순전히 계획이라면 은근슬쩍 넘어가라. 고용창출 계획은 신규고용을 2명 이상 하겠다고 하는 것이 좋다. 이렇게 발표를 마치고 질의응답을 시작한다.

■ 웃는 얼굴에 침 못 뱉는다.

하루 동안 6~7개 팀이 40분씩 발표하는데 평가위원은 점심시간 말고는 쉬는 시간 없이 평가하기 때문에 다소 피곤하다. 특히 평가시간 40분 내에 사업계획서를 읽고, 발표내용을 듣고, 질의응답을 하고, 평가지표별로 채점을 하고, 평가의견을 남기려면 시간이 매우 부족하다. 평가결과를 좋게 제대로 잘 쓰려면 시간이 길어야 한다. 그래서 발표를 최대한 짧게 하고 질의응답 시간을 길게 가져가는 것이 유리하다.

6~7개 기업 중에서 3~4개 기업을 최종 선발한다. 그런데 꼭 1등할 필요는 없다. 3등만 해도 합격할 수 있다. 평가위원은 합격시키는 것보다는 탈락시키기 위해 평가를 한다. 발표를 잘하는 것도 중요하지만 평가위원에게 꼬투리를 잡히지 않는 것이 더 중요하다. 평가위원의 심기를 건드릴 필요가 없다. 최대한 정중하게 발표하고 성심껏 답변해라. 점수를 많이 받기 위해 괜한 기교를 부리다가 오히려 감점을 당할 수 있으니 주의하자.

발표평가는 예의가 매우 중요하다. 평가위원들은 대학교수, 회계사,

투자자, 산업체대표자, 변리사 등의 전문가들로 구성된다. 대부분 연령도 50대 이상이며 경험도 풍부하다. 사회적으로 존경받는 분들이다. 최대한 정중하고 진지한 모습을 보여야 한다. 첫인상도 중요하다. 어차피 평가도 모두 사람이 하는 것이고 우리사회에는 인정(人情)이라는 것이 있다. 이런 것을 갖추면 더 우호적으로 평가하게 된다.

발표자 주의사항
반드시 정장을 착용한다.
평가장 입장 시 허리 숙여 큰 소리로 인사한다.
긴장한 얼굴도 좋지만 의도적으로 약간 미소를 띤다.
발표시작 전 발표자 소속과 이름을 말하고 발표를 진행한다.
발표할 때 수첩과 볼펜 등 필기구를 옆에 두고 발표한다.
발표시작 시 15분 이내로 최대한 짧게 발표하겠다고 말한다.

예의 바른 사람을 싫어할 사람은 아무도 없다. 웃는 얼굴에는 침을 못 뱉는다. 웃으면서 긍정적이고 예의 바르게 발표한다면 평가위원도 모질게 대하지 않을 것이다. 그리고 [표]에서 제시한 주의사항을 실행하는 것이 어려운 것도 아니다. 마음만 먹으면 할 수 있는 것이다. 캐주얼 복장보다는 정장을 입고 발표하면 더 정중해 보일 수 있다. 평가장 입장 시 인사는 기본이다. 발표할 때 의도적으로 미소를 띠면 어떤 지적도 겸손하게 받아드릴 수 있을 것 같은 느낌을 준다. 소속과 이름은 당연히 밝혀야 한다. 필기구는 질의응답에서 중요한 내용을 적기 위해 필요하다.

발표하고 나면 합격할까? 탈락할까? 마음이 조마조마 한다. 그래서 인터넷에 경험담 같은 것을 찾아보기도 하는데 크게 위로되지는 않는다. 나도 발표를 많이 해봤지만 정확하게 예측되지 않았다. 계속 불안했기 때문에 합격을 장담하지 못했다. 느낌으로는 늘 부족하고 탈락할 것만 같다. 하지만 결과는 나와 봐야 안다. 너무 단정 짓지 마라. 발표평가 때 평가위원에게 싫은 소리 듣거나 욕을 많이 먹어 자존심까지 상하는 경우가 많았는데 오히려 최종 합격된 경험이 더 많다. 역으로 생각하면 그만큼 평가위원들이 관심을 가졌다는 것이다.

하지만 경험상 발표장에서의 몇 가지 경우는 합격과 탈락을 확실히 예측할 수 있다. 평가위원장이 '이런 저런 예산은 줄여야 될 것 같습니다.' '만약 진행하게 되면 이런 저런 부분은 반드시 보완하고 사업계획서를 수정해야 합니다.'라는 멘트를 하면 합격되는 경우가 많았다. 확실히 탈락을 예상할 수 있는 경우는 질문이 없을 때다. 나도 이런 경우가 3번쯤 있었던 것 같은데 전부 탈락이었다. 평가위원들이 질문할 가치가 없다고 느꼈을 것이다.

발표평가에서는 탈락하는 기업보다 합격하는 기업이 더 많다. 하지만 발표자는 발표 후 결과가 나올 때까지 늘 불안하다. 이 책에서 제시하는 방법에 따라서 대면평가에 임했다면 반드시 합격할 수 있다.

■ 질의응답은 설득하는 게 아니라 경청하고 수긍하는 것

발표평가에서는 질의응답시간이 제일 중요하다. 질문과 답변이 많이 오가면 합격할 확률이 매우 높다. 평가위원은 사업계획서를 읽어보고 한 두 개씩 질문거리를 준비해 질문한다. 질문에 경청하고 적극적으로 수긍하면 좋은 점수를 받을 수 있다.

질의응답 때 절대로 평가위원을 설득하려고 하지 마라. 그 짧은 시간에 설득되지도 않을 뿐더러 평가위원과 대립된 의견을 설득시킨다고 해서 분위기가 발표자한테 좋게 돌아가지도 않는다. 질의응답시간에는 질문하는 평가위원의 기를 살려주고 맞장구를 쳐주는 것이 좋다.

질의응답은 경청하는 것이다. 평가위원이 더 많이 의견을 제시할 수 있도록 유도하는 것이 훨씬 좋다. 평가위원은 발표자의 사업에 조언을 해주는 사람이다. 당연히 사업에 대해서 디테일하게 모르기 때문에 조언을 하다보면 평가위원의 질문과 견해가 발표자와 다를 수 있다. 하지만 그 견해가 발표자와 다른 것이지 틀린 것은 아니다. 평가위원도 경험이 있기에 의견을 제시하고 질문하는 것이다. 그 경험을 절대로 무시하거나 틀린 것이라고 여기면 안 된다. 발표자는 평가위원의 모든 발언에 토를 달지 마라.

가끔은 도저히 받아들이기 어려운, 이상한, 상식 이하의 질문을 받기도 한다. 또 발표할 때 중요한 내용이라 질문할 것 같아서 미리 여러 번 강조하여 설명했는데도 불구하고 질의응답시간에 그 내용을 그대로 질문하는 경우도 있다. 발표평가 경험이 없을 때는 그런 질문을 받게 되면 무시당한다는 생각도 들고, 발표시간에 전혀 들어주지 않아 모욕감도 들기도 했다. 하지만 경험이 쌓이면서 발표자를 무시해서 그런 질문을 하는 것이 아니라는 것을 알았다. 평가위원이 20분 만에 우리 사업을 정확히 이해할 수 없다. 발표내용을 못 들어서 그 질문을 다시 하는 것이다. 따라서 그런 질문을 받더라도 평가위원의 기분을 상하게 하지 마라. 평가위원과 언쟁하고 말싸움을 하는 발표자도 있다. 평가위원과 말다툼하거나 크게 언쟁하면 무조건 탈락이다. 이의신청해도 번복되지 않는다. 말다툼한 평가의원만 점수를 낮게 주는 것이 아니라 다른 평가위원들도 그 상황을 봤기 때문에 점수를 낮게 줄 것이다. 절대로 평가위원의 질문을 무시하지 말고 잘난 척하지 말고 평가위원과 말다툼하지 마라.

탈락하는 행동
평가위원의 질문에 대해서 무시하는 듯한 답변과 행동
평가위원이 의견을 제시하는 중간에 말을 끊고 다른 주장을 하는 행동
평가위원에게 신경질을 내거나 화를 내는 행동
평가위원과 말다툼을 하는 행동

평가위원 질문이 어처구니없어도 평가위원은 잘 몰라서 그런 질문을 하는 것이니 처음부터 차근차근 다시 설명하고 답변하면 된다. 그런 태도가 중요하다. 평가위원을 존중하는 마음으로 웃으면서 대답해라.

평가위원에게 절대로 쓰지 말아야 할 말투
그건 잘 모르셔서 하시는 말씀 같은데요.
그게 아니고요
그건 아까 설명 드렸는데요.
그건 말이 안 되는데요?
그건 그렇지가 않습니다.
그것 잘못 판단하고 계신 것 같습니다.

질의응답 시간에 대답하기 곤란한 난처한 상황이 반드시 발생한다. 미처 준비하지 못했던 질문에 대답해야 한다. 내가 경험한 몇 가지 사례를 통해 평가위원이 인정해줄 수 있는 답변을 미리 마련했으니 참고하기 바란다. 답변하기 곤란한 질문에는 솔직하게 대답하는 것이 최선이다.

① 애매한 질문 1. 평가위원이 도저히 상식에 벗어난 억지스러운 질문을 할 때

(기본 마음가짐) 이럴 때는 평가위원을 설득하거나 가르치려하면 절대 안 된다. 이 순간을 최대한 빨리 벗어나야 한다. 발표자는 평가위원에게 배우러 온 것이다.

(현명한 답변) '아 제가 말씀하신 그 부분까지는 미처 생각하지 못했습니다. 저희는 저희가 확신했던 방법만 고집했지 위원님께서 말씀하신 부분까지 고민하지 못했습니다. 위원님께서 말씀하신 부분을 더 고민해서 꼭 사업에 반영하겠습니다. 감사합니다. 그리고 잠깐 죄송한데요, 말씀한 내용을 잠깐 수첩에 적어 놓겠습니다.' 이렇게 말하고 수첩에 내용을 적으면 해당 상황은 바로 종료된다.

② 애매한 질문 2. 평가위원의 날카로운 질문에 답변이 생각나지 않을 때

(기본 마음가짐) 굳이 핑계대지 말자. 그냥 솔직하게 답변한다.

(현명한 답변) '그 부분은 정말 몰랐습니다. 아마도 오늘 위원님께서 말씀해주시지 않았다면 저희가 계속 모르고 지나쳤을 것 같습니다. 정말 감사합니다. 말씀하신 부분 명심해서 개발할 때 반영하고 사업계획에도 반영하여 추진하도록 하겠습니다.' 이렇게 말하면 더 이상 평가위원이 질문하지 않고 흡족해 한다.

드물기는 하지만 평가위원 중에서 한 두 명이 사업계획에 대해 좋게 평가해주는 경우도 있다. 특히 그 사람이 평가위원장이면 대단히 좋은 시그널이다. 그럴 때는 그 평가위원과 교감을 오래 할 수 있도록 해라. 일단 말을 끝까지 들으면서 평가위원이 더 많은 의견을 제시할 수 있도록 호응해줘야 한다. 더 나가 평가위원에게 질문하고 조언을 구해라. 질문과 답변을 최대한 길게 하면서 평가위원과 아이디어를 공유해라. 마치 프로젝트 팀의 멘토가 멘토링 해주는 것 같은 상황을 만들어라. 평가가 끝나고 평가위원이 채점할 때 다른 평가위원에게 강하게 어필해서 좋은 결과를 만들어 준다.

■ 자주하는 질문과 답변

정부지원사업마다 평가위원회마다 질문하는 내용이 다르겠지만 정부 R&D 지원사업에서 자주하는 질문이 있다. 이 정도 질문에 대해서는 미리 준비해 두자. 어떤 질문에도 흥분하지 말고 예의를 갖춰 최대한 정중하게 답변해야 한다.

자주하는 질문
이미 다 개발된 것 아니냐?
그래서 뭘 더 개발하겠다는 것이냐?
차별화된 기술도 아니고 독창성도 없는 것 같은데, 일종의 SI 같은데, 아니냐?
인건비가 많이 책정된 것 아니냐? 굳이 2억 원이나 필요하냐?
이미 다른 사업자들이 개발해서 하고 있는 것 같은데, 똑같은 것 같다.
수익모델이 뭐냐? 그래서 어떻게 돈을 벌겠다는 거냐?

대부분의 아픈 질문은 다음 내용을 크게 벗어나지 않는다. '발표한 개발내용은 차별화와 독창성이 부족하고 이미 다른 경쟁자와 큰 차이가 없다. 새로운 것을 개발하기보다는 누구나 할 수 있는 SI 같다. 게다가 지금 사업계획서를 보면 거의 다 개발이 되어 있는 것 같다.'

초기기업 대부분은 원천기술을 개발하지 않고 응용서비스를 개발한다. 기술만으로는 특별히 차별화된 내용을 제시하기 어렵다. 비즈니스나 서비스 측면에서 경쟁력과 차별성을 갖고 새로운 서비스를 개발하기 때문에 개발에 필요한 기술 하나하나를 떼어놓고 보면 차이점도 없고 독창성도 없다. 그런데 평가위원은 기술의 차별성과 독창성에 대해 채점해야 하고 기술성도 평가해야 된다. 따라서 기술적인 질문을 해야 한다. 모든 발표자가 동일하게 기술성 질문을 받는다. '이런 상황에서 평가위원이 그런 것도 모르고 자꾸 기술적인 차별성만 물어보면 어떡하나?'라고 생각하지 마라. 중요한 것은 그런 질문을 할 것이니 미리 답변을 준비해야 한다는 것이다. 준비하는 자가 승자다. 아래 자주 하는 3가지 질문에 대한 답변을 적어 놓았으니 참고하여 미리 답변을 준비해라.

① 질문1. 이미 다 개발된 것 아니냐?

사업신청을 00월에 제출하고 계속 개발 진행 중입니다. 그동안 6개월 이상 준비해 왔습니다. 이제 막 창업해서 밤낮 가리지 않고 죽기살기로 열심히 했습니다. 개발이 다 된 것이 아니라 최대한 많이 준비했다고 너그럽게 이해해주시면 감사하겠습니다. 현재는 개념 정도만 정리된 상태입니다. 하지만 아직 부족한 것이 많고, 추가로 OOOO, OOOO을 개발해야 되는데 최소 5~6개월은 더 소요될 것 같습니다. 이 정도는 준비를 해야 1년 내에 개발을 완료하고 테스트까지 진행할 수 있다고 생각합니다.

② 질문2. 차별화된 기술도 아니고 독창성도 없는 것 같은데, 일종의 SI 같은데.

네, 죄송합니다. 이 사업은 원천기술을 개발하거나 대단히 고도화되고 획기적인 기술이 필요하지는 않습니다. 하지만 서비스측면에서는 누구도 시도하지 못했던 것입니다. 저희가 이 분야에서는 누구보다 많이 고민했고 사업화를 위해 기술특허도 출원하고 실제로 고객과 협의하면서 개발을 해 오고 있습니다. 스타트업으로서 모든 것이 부족하고 특히 개발과 관련해서는 더 그렇습니다. 다만, 지금 이 사업에 대해서는 저희가 가장 많이 고민했고 경험이 풍부하다고 생각합니다. 우리가 먼저 이런 경험을 하지 못했다면 다른 사람들도 이 아이디어를 생각하지 못했을 것입니다. 기술적으로는 차별성이 덜하겠지만 서비스는 국내 최초라고 자부하고 있습니다. 지금까지 누구도 시도하지 않았던 가치 있는 것이라 생각합니다.

③ 질문3. 사업비에 너무 인건비가 많이 책정된 것 아니야? 굳이 2억 원이나 필요하냐?

저희와 같이 소프트웨어 개발 업종에는 고가의 장비가 필요하지 않습니다. 다만 개발 경험이 풍부한 전문 인력이 투입되어야 합니다. 우리 개발자는 이 분야 최고라고 생각합니다. 그런데 현재 개발시간이 부족해서 일주일에 4일은 야근을 하고 있습니다. 신규채용도 생각하지 않을 수 없어 인건비 비중이 높게 되었습니다. 현재 2명을 구인하고 있고 자금의 여유가 더 있다면 3명 정도까지 충원하려고 합니다. 그 부분을 이해해주셨으면 합니다.

끝맺으며

지금까지 정부지원사업에 100% 합격하는 정부지원사업 사업계획서 작성방법과 대면평가 발표방법을 알아보았다. 정부 R&D 지원사업에 16번 이상 합격한 경험과 평가위원 경험을 토대로 가장 실질적이고 직관적인 구성으로 합격방법을 설명했다.

핵심에서는 다소 벗어난 것 같아서 본문에서는 설명하지 않았지만 정부지원사업을 신청하고 협약하는 과정에서 사업비 비목별 소요명세서라는 것을 작성해야 한다. 사업비는 전담기관의 사업비 집행규정 및 규칙에 따라 집행해야 되며 사업비 집행 예산도 그 기준에 따라 작성되어야 한다. 규정이 복잡해서 처음 작성할 때는 최소 2일 이상 걸린다. 쉽게 생각하고 접수 마감일 하루 전에 작성하려다 사업비 집행 계획을 접수도 못하는 경우도 발생한다. 그런 창업·초기기업을 위해 꼭 필요한 몇 가지 사항만 입력하면 사업비 비목별 소요명세서를 자동으로 계산해주는 엑셀파일을 만들었다. 특히 인건비가 차지하는 비중이 크기 때문에 인건비 변경에 따라 사업비 내용이 많이 달라진다. 참여율, 연봉, 참여기간, 현물투입비 등을 변경할 때마다 자동으로 계산해준다. 사업비가 정상적으로 입력되었는지 검수하는 항목도 포함되어 있다. 사업비 자동계산 엑셀파일을 내 블로그에 올려놓았으니 참고하기 바란다.

사업비 자동계산 엑셀파일 다운로드 https://blog.naver.com/ariverly/221326367036

블로그 : blog.naver.com/ariverly

이메일 : ariverly@gmail.com

　그뿐만 아니라 합격한 후 협약을 맺을 때 유의사항, 자금을 집행하는 방법, 자금집행의 근거자료를 만드는 방법, 수정사업계획서를 제출하는 방법, 사업비를 변경하는 방법 등 도 궁금할 수 있다. 그런 것들도 블로그에 있으니 참고하기 바란다. 사업계획서를 작성하다 물어보고 싶은 것이 있으면 이메일로 문의하기 바란다.

2018년 12월

이 혁 재

이혁재

18년간 담당했던 모든 아이템으로 총 16건-26억 원 규모의 정부지원사업 합격 및 수행
한국소프트웨어진흥원(현, 정보통신산업진흥원) 근무
IT벤처기업 기업부설연구소장 근무
개인사업자·1인 창조기업 등 10년간 3회 창업
아이디어 마루 정보통신분야 멘토(2015년)
서울창업허브 서울창업지원단(2017년)
창업진흥원 기술창업멘토(2018년)
정부지원사업 평가위원

블로그 : blog.naver.com/ariverly
e-mail : ariverly@gmail.com

초보 창업자도 100% 성공하는
정부지원사업 합격 사업계획서 쓰는 법(큰글자도서)

초판인쇄 2023년 1월 31일
초판발행 2023년 1월 31일

지은이 이혁재
발행인 채종준
발행처 한국학술정보(주)

주소 경기도 파주시 회동길 230(문발동)
문의 ksibook13@kstudy.com
출판신고 2003년 9월 25일 제406-2003-000012호

ISBN 979-11-6983-066-9 13320